BOËRS

ET

DENAISIENS

Par Évariste GUYOT.

❧

PRIX: 60 CENTIMES.

Franco : 70 Centimes.

❧

CONDÉ
Fernand DESCAMPS, IMPRIMEUR-ÉDITEUR
1901.

BOËRS

ET

DENAISIENS

Par Évariste GUYOT.

PRIX : 60 CENTIMES.

Franco : 70 Centimes.

CONDÉ

Fernand DESCAMPS, IMPRIMEUR-ÉDITEUR

1901.

Aux Maîtres de ma jeunesse :

feu Monsieur Jules BAUDRY, Officier d'Académie, Instituteur primaire, Directeur de l'École Communale des Garçons, de Denain ;

Monsieur Pierre-Joseph DAUTEL, Architecte à Valenciennes ;

feu Monsieur Emile DUSSART, Architecte, Professeur aux Écoles Académiques de Valenciennes ;

est dédiée cette petite œuvre, en témoignage de ma respectueuse reconnaissance.

Denain, le 15 Août 1901.

Evariste GUYOT.

BOERS & DENAISIENS

AVERTISSEMENT

Dans ce petit travail, c'est toujours de l'*Afrique*, mon pays de prédilection, qu'il s'agit; le sujet traité ne peut m'être étranger, d'autant plus qu'il s'en est fallu de bien peu que je n'aille chez les Boërs porter l'endurance de ma vie sénésoudanaise et l'expérience de nombreuses années de séjour de guerre au Sénégal et au Soudan.

J'ai toujours le regret de n'avoir pas réussi dans les tentatives faites à cet égard. Coureur de brousses comme on m'a connu, j'étais fait pour être un excellent chasseur d'anglais dans les étendues sauvages du Transvaal, de l'Orange, du Natal et autres régions Sud-Africaines.

Ma sympathie pour les enfants blancs de l'Afrique australe ne date pas de ces dernières années. Tout jeune, bien jeune, je me complaisais dans de vagues rêves africains, dont certains se sont réalisés, et d'autres se réaliseront peut-être. Qui sait !

Il y en a eu — et non les moindres — qui me montrèrent à mes yeux de gamin assoiffé d'aventures, comme appelé à prêter la main à une guerre sacrée dans ces parages austro-africains, que les cartes et les livres géographiques scolaires englobaient alors sous l'expression « pays inconnus ». J'avoue qu'il y a près de deux ans, j'eus la joie secrète de me croire en route pour le Transvaal et l'Orange. La déception suivit cette joie de l'âme. Mais..... je dis encore : Qui sait !

Les Boërs semblent être bien près de leur anéantissement, à l'heure qu'il est. Devant la force brutale de l'Anglais, force géante, il n'y a que la placide et tenace énergie boère. Serait-ce la première fois qu'on verrait un félin vaincu par un bœuf ?

Si ma sympathie pour les Boërs et leurs co-nationaux, les Africanders est vieille et profonde, il y a en moi un sentiment que tous les raisonnements du monde ne sauraient vaincre, bien que je sois des hommes qui trouvent stupides et anti-humaines les rivalités de races, les querelles de nations: contradictions intérieures peu explicables. Je crois l'avoir sucé aux seins de ma mère, ce sentiment indéracinable; mon esprit l'a acquis sur les bancs des écoles et mon âme s'en est nourrie là-bas, dans les solitudes de l'Afrique nord-occidentale. Ce sentiment c'est... la haine de l'Anglais. Non une haine purement traditionnelle, irréfléchie. Pas du tout.

L'Allemand est en tout notre adversaire et il tente d'être en tout notre rival — il a fait du chemin depuis trente et des années — mais à ces deux qualités de races qu'on ne saurait blâmer d'être en des voisins de frontière, l'indigène d'Albion a préféré posséder l'état d'ennemi *à perpétuité du français*. Ce n'est pas nous qui le voulons, c'est lui. Ne pas accepter cette situation, c'est être sa dupe. Nous avons été souvent sa victime et quelquefois son jouet, tant il y a chez nous de défauts dans le cas d'être de la race; ne continuons pas ce dernier rôle honteux et préférons plutôt, s'il le faut, le premier : il est noble d'être victime, toujours.

Soyons fiers, dignes, raides, et sous l'alouette chantante de nos armes de jadis ; sous les fers de lance (ou fleurs de lys !) de nos armoiries de naguère ; sous l'aigle foudroyant de Napoléon ; sous le coq cocoritant haut et clair ; sous le sanglant bonnet de la République d'hier et sous la pique de celle d'aujourd'hui, burinons dans l'airain ces mots que comprendra le léopard britannique : *Hoi et châtié soit qui mal y trouve !*

Et il n'y a que l'Anglais qui de nous trouve tout mal, et il n'y a que l'Anglais encore qui partout nous cherche, nous veut, nous fait du mal pour le plaisir ou le besoin d'en faire. Par suite et avec cette devise nationale, ayons-en chacun une, celle de la *grande Jeanne : Sus à l'Anglais !*

— J'ai dit que depuis longtemps j'avais cela en moi. En veut-on une preuve à la fois morale et matérielle ?

En 1893, une décision présidentielle spéciale m'autorisa à concourir pour le premier grade d'officier du Commissariat colonial. N'ayant pas le diplôme de bachelier, il me fallut subir des *épreuves préliminaires* pour y suppléer et il se fit que l'épreuve littéraire avait trait à ce que j'éprouvais depuis mon enfance. Voici le canevas de ce que je présentai avec succès et... félicitations de la commission d'examen :

Concours pour le grade d'Aide-Commissaire des Colonies

Épreuves préliminaires du 15 Juillet 1893, pour suppléer au baccalauréat.

SUJET LITTÉRAIRE : Lettre d'un jeune homme à Lafayette, lui exprimant toute son admiration sur son projet d'aller s'unir à Washington. Il lui demande de bien vouloir le prendre dans son armée.

COPIE DU BROUILLON.

A MONSIEUR DE LAFAYETTE

Monsieur le Marquis,

La *Gazette de France* m'apprend le beau projet que vous nourrissez, d'aller au Nouveau-Monde offrir à la défense des idées de liberté et d'indépendance l'éclat de votre nom et l'appui d'une suite de gentil-hommes et de jeunes gens dont l'esprit se tourne vers l'ère nouvelle pour l'Amérique.

Qu'il me soit permis, Monsieur, de joindre ma faible mais sincère voix à celles plus autorisées qui, d'un bout à l'autre du territoire, paient le juste tribut d'admiration dû aux hommes dont les projets résument les tendances d'un peuple, le nôtre.

La France, aujourd'hui abaissée, mais confiante dans l'avenir qui partout s'annonce, sent qu'il lui faut une période de gloire pour reprendre son rang dans le monde. A l'ennemi séculaire, l'Anglais, elle doit tenter de porter des coups terribles, en attendant que les réformes réclamées par tout le monde donnent à son peuple gallo-franc ce que Washington rêve de donner aux Américains.

Là-bas, sur le sol dont nous dota Colomb, s'agite une nation nouvelle qui veut être maîtresse de ses destinées et qui prétend que l'indépendance et la liberté sont les seules bases de la grandeur d'un État.

Vous l'avez compris. Aux désastres d'hier, à la perte de nos colonies, aux défaites maritimes dont l'âme française souffre toujours, vous voulez que nous répondions. Les vœux de tous pour demain, les réformes nationales réclamées, la suppression des abus et des privilèges, les cris du peuple revendiquant ses droits à la liberté, à l'égalité, vous les écoutez vous, gentilhomme, vous voulez que, sous l'égide du vieux drapeau de France, nous en inaugurions les principes en allant au loin combattre un régime d'oppression, le joug de l'Anglais, l'adversaire de notre race, ou plutôt l'ennemi.

Vous aurez avec vous, vous le savez, tous les cœurs généreux s'intéressant à cette lutte des citoyens américains qui veulent conquérir la liberté. — Vous aurez avec vous le roi, la cour, la noblesse, les classes bourgeoises et populaires, l'armée, personne ne pouvant résister au courant de réformes qui grossit toujours depuis les fautes de Louis XV.

Vous aurez aussi tant de volontaires que vous devrez en refuser, mettant ainsi le chagrin dans des âmes dévouées.

De tous les points de la Patrie vous verrez accourir (ne le voyez-vous pas déjà?) l'élite de la noblesse, où il y a des cœurs qui, ressentant aussi les principes proclamés par Washington, iront se faire à son école sous vos ordres. — Ceux qui reviendront seront acclamés par les leurs et ceux qui de leur sang arroseront la terre d'Amérique, y seront les témoins éternels du concours donné par une vieille nation à un jeune peuple.

Quelle que soit l'une de ces destinées, elle est belle; et si je ne puis rassembler assez d'expressions pour exprimer l'admiration que je ressens pour vous et pour votre œuvre, je serais fier, heureux, joyeux, d'être de votre suite, de compter dans votre armée, d'être un ami de la Liberté.

Je ne suis pas gentilhomme, je sors du peuple et je m'en honore. Je sollicite la faveur de vous accompagner; j'ai l'appui des miens, leurs vœux me suivront sur le Nouveau-Continent; et, enfin, quel que soit le sort que la Providence me réserve, ma famille sera honorée quand, pour me pleurer ou acclamer mon retour, chacun dira : C'est un volontaire de Lafayette, il combattit l'Anglais et fut soldat de la Liberté.

Je suis......

Ce brouillon fut amplifié pour l'épreuve proprement dite, le tout dans le temps prescrit.

E. GUYOT.

Titre Ier — CHAPITRES PRÉAMBULAIRES

I

Je voulais rejoindre le pays des Républiques Sud-Africaines venant de se mettre en état de guerre d'indépendance.

Dans les premiers jours d'Octobre 1899, je lus dans un journal parisien qu'un belge ou hollandais, M. V... D... V.., habitant Paris, s'était mis à la tête d'un mouvement en faveur des Boers, afin de les faire aider par tous moyens et tous efforts. Cela me sembla propice à mes désirs et j'écrivis audit monsieur la lettre suivante :

Denain, le 4 Octobre 1899.

Monsieur V... d... V..., 166, Boulevard Voltaire, Paris.

Monsieur.

Français, arrière petit-fils de tournaisien, je hais l'Anglais par un sentiment naturel et raisonné.

Ancien officier, mais sans ressources, mon plus grand désir est cependant de rejoindre le Sud-Africain en vue d'y combattre à côté des belges et des hollandais pour les transvaaliens et orangistes, l'avant-garde de l'Indépendance Sud-Africaine.

Ne pourriez-vous me faire donner un passage à bord d'un hambourgeois ou tout autre navire, n'importe à quel titre, pour me rendre là-bas, où l'on pourra toujours me confier un fusil ; je n'ai pas d'autre prétention que d'être soldat.

Je suis un ancien sous-officier de spahis sénégalais devenu par la suite officier du Commissariat des colonies. Je me suis retiré trop tôt. J'ai accompli 15 années de séjour au Sénégal et au Soudan.

Enfin, j'ai quarante-deux ans et suis resté solide. Donc un passage s'il vous plaît.

E. Guyot.

Il est probable que M. V... D... V..., à qui est envoyé un exemplaire de la présente brochure, était un de ces boërophiles profitant de toute occasion pour tenter de se populariser, mais sans agir réellement, car il ne fit pas de réponse.

II

Devant un résultat aussi négatif, je m'adressai ailleurs.

Voici, 1ᵉ :

Denain, le 18 Octobre 1899.

Monsieur le Délégué-légal du Transvaal,

54, rue du Faubourg Montmartre,

Paris.

Monsieur le Délégué,

Ancien officier ayant passé 15 ans 1/2 au Sénégal et au Soudan, je voudrais me rendre au Transvaal pour combattre. Je demande seulement la mise en route à vos frais (chemin de fer et paquebot à n'importe quelle classe) d'ici jusqu'au point de débarquement africain. Là-bas, fût-ce comme soldat, je serai dans les rangs des Boërs.

J'ai l'honneur de vous prier d'agréer, Monsieur, en attendant de vous lire, mes salutations empressées.

E. Guyot.

Evariste Guyot, ancien officier, rue de Villars, 93, Denain.

N. B. — J'ai 42 ans et fus de la cavalerie. — Célibataire.

Et 2ᵉ :

Denain, le 19 Octobre 1899.

Monsieur le Chargé d'affaires du Transvaal, Bruxelles,

Monsieur le Chargé d'affaires.

Je serais désireux de rejoindre le Transvaal en qualité de volontaire, engagé si c'était nécessaire.

Veuillez agréer, etc.

E. Guyot.

Et voici la réponse que je reçus :

Paris, le 26 Octobre 1899, 54, faubourg Montmartre.

Monsieur E. Guyot, 93, rue de Villars, Denain (Nord).

Monsieur,

Dans l'impossibilité matérielle de répondre aux nombreuses lettres adressées à la Légation et au Consulat Général de la République Sud-Africaine, je suis obligé d'avoir recours à une lettre-circulaire pour vous remercier.

Très sensible à vos offres, qui sont le témoignage vivant de votre sympathie pour la République Sud-Africaine et pour sa cause, je vous prie de recevoir l'expression de ma sincère reconnaissance.

Le Gouvernement de la République Sud-Africaine ne désire pas signer en Europe d'engagements de volontaires et ne consent pas au payement des frais de voyage.

Vous ne pourriez donc vous rendre dans l'Afrique du Sud qu'à vos frais et risques, sous votre propre responsabilité.

Veuillez, avec l'expression renouvelée de mes sincères remerciements, agréer, Monsieur, mes salutations empressées.

Le Consul Général de la République Sud-Africaine,

J.-B. PIERSON.

III

Je pris une autre voie à l'effet d'arriver à mes fins. Le journal « La Patrie » me paraissant, par sa propre campagne, tout désigné pour mon but, j'écrivis :

Denain, le 24 Novembre 1899.

Monsieur le Directeur de *la Patrie*,

Je voudrais aller aider les Boërs, mais je n'ai pas les moyens de payer les frais de voyage, inévitables.

Dans vos relations, n'avez-vous pas quelques personnes pouvant m'envoyer là-bas : serait-ce sur le pont d'un navire.

Si oui, veuillez avoir l'obligeance de me répondre en m'indiquant mon devoir. Si non, soyez assuré de mes regrets.

Je suis célibataire, 42 ans, solide, ancien sous-officier de spahis sénégalais. Victime d'un revers de fortune. Casier judiciaire n° 1, intact et l'honneur sauf.

Dans l'espoir d'une bonne suite, veuillez, Monsieur, bien agréer mes civilités empressées.

E. Guyot.

Mutisme absolu. Pourquoi ? Beaucoup d'écrits, mais pas d'actes.

IV.

Une personne de Denain semblait prête à m'envoyer là-bas. Son nom sera divulgué lorsqu'elle le permettra, car un motif impérieux l'a détournée de ses intentions.

Je rédigeais donc la lettre qui suit :

Denain, le 5 Décembre 1899.

Monsieur le Président du Comité d'action de la Jeunesse Française
13, rue de l'Ancienne Comédie,

Paris.

Je vous serais bien obligé de me faire connaître :

1° Quelle serait la ligne maritime la plus directe pour rejoindre les États boërs, par Hambourg, Anvers, Hâvre, Marseille ?

2° Le port de débarquement, Lourenço-Marquez ?

3° Le prix du passage, dernière classe et avant-dernière ?

4° Le temps du voyage ?

Mes intentions sont de me mettre en route au plus tôt.

E. Guyot, ex-officier.

Pas de réponse. Il y avait, comme pour toutes mes lettres un timbre joint à cet effet.

Toujours le système des gens qui veulent se faire valoir, dirait-on.

V.

Je m'adressais à *M. Qui-de-Droit* ; en l'espèce la *Compagnie des Messageries Maritimes*, pour savoir ce qui était indispensable.

Voici la réponse de l'Administration de cette Société :

COMPAGNIE
des
MESSAGERIES MARITIMES
—o—
Administration Centrale
1, rue Vignon.
—o—
N° 6326
TRAFIC
—o—
Envoi de Livrets.

Paris, le 15 Décembre 1899.

Monsieur.

Nous avons l'honneur de vous accuser réception de votre lettre en date du 14 courant.

Conformément au désir que vous nous exprimez, nous vous adressons sous bande un exemplaire du livret d'itinéraires et tarifs de nos lignes au-delà de Suez, dans lequel vous trouverez :

1° A la page 36, le tarif des prix de passage à destination de Lourenço-Marquez ;

2° A la page 26 (art. 21) les conditions relatives au transport des bagages.

Agréez, Monsieur. l'assurance de notre considération distinguée.

Pour les Administrateurs,
Le Directeur Général des Services de la Compagnie,
Signé : Illisible.

Monsieur Évariste Guyot, ancien officier, à Denain (Nord).

Et voici les tarifs et conditions indiquées dans cette lettre :

— Page 36 — « Tarif des prix de passage — Lignes de l'Océan Indien (suite) Madagascar, Côte de Mozambique :

« de Marseille à Lourenço-Marquez, (par Diégo-Suarez, Mozambique, Beïra) 1re classe, 1050 fr. ; 2e classe, 735 fr. ; 3e classe, 390 fr., nourriture comprise ».

— Page 26 — « Bagages, 1re et 2e classes — franchise de port, 150 k.

3e classe   do   75 »

	Fr.
Il faut ajouter aux sommes qui précèdent :	
Transport de Denain à Marseille, avec bagages.	80.00
Vivres de route	20.00
Séjour forcé Diégo-Suarez (Transbordement)	25.00
Chemin de fer de Lourenço-Marquez au Transvaal.	100.00
Frais et débours divers	100.00
Total	325.00

Renseignements :

1° De Marseille à Diégo-Suarez (île de Madagascar) 9000 kilom.

De Diégo-Suarez à Lourenço-Marquez (colonie portugaise) 3441 »

En 26 jours de route de mer . 12441 »

2° De Lourenço-Marquez à Prétoria (capitale du Transvaal) par chemin de fer (2 jours), distance d'environ 500 »

Itinéraire Total. . 12941 kilom.

VI

A la fin de Décembre 1899 je me rendis à Bruxelles, au siège de la Légation du Transvaal en Europe. J'eus l'honneur d'y voir l'un de ses plus hauts représentants, mais il me déclara qu'à son regret ses fonctions diplomatiques lui interdisaient toute immixtion dans l'engagement et l'envoi de volontaires européens.

— Etant dans la capitale de la Belgique, j'appris qu'un comité privé s'occupait de cette double mission. J'allais à son siège pour... apprendre qu'on n'envoyait que des belges, savez-vous.

VII

Je ne perdis pas l'espoir et, à nouveau, j'écrivais à Paris :

Denain, rue de Villars, 93, ce 14 Janvier 1899.

Monsieur le Consul Général de la République Sud-Africaine,
Paris.

Monsieur le Consul,

Depuis la réception de votre lettre-circulaire en date du 26 Octobre dernier, je n'ai cessé de prétendre à compter dans les rangs des armées boëres. C'est dans ce but que je me suis rendu à la légation de Bruxelles, à l'effet d'offrir mes services et de souscrire un engagement — sur le bruit qu'il s'en effectuait — pour être mis sans délai en route. Il me fut répondu, il y a un mois de cela, que les lois de la neutralité interdisaient aux représentants des Etats libres du Sud-Africain de recruter en Europe.

mais que, par mes propres moyens, si je réussissais à rejoindre le théâtre de la guerre d'indépendance, je pourrais fort probablement être enrôlé sous les drapeaux d'Orange et du Transvaal.

En cette éventualité bien désirée, plusieurs de mes amis et concitoyens, admirateurs passionnés de l'œuvre des Boërs, ont résolu de m'offrir le passage. Une liste de souscription circule et j'espère bien qu'elle me permettra mon départ de Marseille le 25.

Mais je lis à l'instant, dans *l'Eclair*, un entrefilet de *l'Intransigeant* annonçant que les Français, désireux de servir la cause boère sous les armes, doivent renoncer à leur nationalité et adopter la naturalisation Sud-Africaine, par la volonté des gouvernements boërs.

Je me permets de venir vous demander de vouloir bien me dire si cela est rigoureusement arrêté ; si un volontaire arrivant au Transvaal à ses frais, risques et périls, comme dit votre lettre-circulaire précitée, ne verrait pas l'offre de son expérience militaire et de son endurance au service de campagne accepté, à quelque titre que ce soit.

Je vous serais bien reconnaissant de me répondre d'urgence, à cause du départ du 25.

Veuillez agréer, etc.

VIII

Comme on vient de le voir j'avais agi pour que l'on se remue à Denain dans le sens des idées affichées. Je parlerai de cela bientôt.

IX

Voici ce que répondit M. le Consul Général du Transvaal à Paris :

Consulat Général de la   **Paris, 15 Janvier 1900.**

République Sud-Africaine

    Paris.

CHANCELLERIE

54, Faubourg Montmartre.   **Monsieur,**

J'ai l'honneur de répondre à votre lettre du 14 courant. Ma situation officielle m'oblige à conserver une grande réserve.

Il m'est difficile de vous dire si un Français perd sa nationalité lorsqu'il prend les armes pour un pays contre un autre pays qui est en relations diplomatiques avec la France. Un avocat français pourra vous le dire.

Pour se faire naturaliser dans la République Sud-Africaine, il est nécessaire, au préalable, d'y résider plusieurs années.

Vous me demandez si un volontaire allant à Prétoria à ses frais et risques y serait engagé. La réponse est fort difficile à faire, car je l'ignore moi-même ; ni officiellement, ni officieusement, je n'ai reçu le moindre avis à ce sujet.

Les communications avec mon Gouvernement me sont des plus difficiles.

Je regrette ne pouvoir positivement répondre à votre question, j'admire votre patriotisme chaleureux et votre enthousiasme pour notre juste cause, veuillez croire que je l'apprécie *hautement*.

Avec l'expression de mes vifs remerciements pour de si nobles témoignages de votre sincère sympathie et de votre courage, veuillez agréer, Monsieur, l'assurance de mes sentiments les plus distingués.

Le Consul Général.
J.-B. PIERSON.

X.

Je n'ignorais pas qu'il existait à Paris un Comité expédiant des volontaires au Transvaal, mais il fallait s'inféoder — j'en eus l'affirmation — aux vues de cette organisation d'ordre politique et nationaliste, dont l'œuvre apparente dans l'Afrique du Sud était appelée, paraît-il, à une répercussion, dans un avenir plus ou moins proche, en France même. Qu'on me permette d'arrêter ici cette appréciation.

XI

Entre temps, un projet aventuresque avait été mis sur le papier; il n'est peut-être pas inutile de le livrer ici à la curiosité du lecteur :

AFRIQUE DU SUD.

PROJET

Le *raid* du docteur Jameson était une hardie tentative de main-mise par l'Angleterre sur les Etats Boërs.

Il n'a pas réussi mais il pouvait réussir.

Dans l'état actuel de la lutte pour l'indépendance du Transvaal et de l'Orange, chaque esprit de France qui a en soi la haine de l'Anglais a au moins pour devoir de saluer les combattants boërs et de leur souhaiter le succès le plus complet.

C'est-à-dire que les vœux des Français embrassent non seulement l'œuvre de ces combattants, mais encore les espoirs des Afrikanders se divulguant activement au fur et à mesure que la guerre sainte prend de l'amplitude.

Si l'œuvre de séparation orango-transvaalienne et les espoirs afrikanders sont en train de se réaliser pour la création future de la confédération sud-africaine, en dehors de toute sujétion britannique, il est un territoire que tout Français doit regarder comme appelé à faire partie intégrale de cette union : il s'agit des régions méridionales du Mozambique.

Cette colonie, portugaise de nom, est, de fait, une dépendance d'Albion, surtout par les zônes formant le rivage de la baie de Delagoa et la vallée du bas Limpopo.

Le Tongaland lui-même, quoique possession anglaise, est une contrée qui se rattache au rayon politique de Lourenço-Marquez. Mais après cette indication spéciale ne considérons que les précédentes zônes et disons qu'elles sont d'ores et déjà un ensemble territorial qu'il serait bon de soustraire à l'influence du gouvernement de John Bull, en l'aidant à se révolter contre le Portugal pour l'institution du nouvel Etat libre du Limpopo.

C'est en ceci qu'il faut donner au raid de Jameson une contrepartie combinée à la manière de Cécil Rhodes : par un véritable coup de flibuste.

Quoiqu'il soit de bonne politique française de pousser notre Gouvernement de la République dans de telles vues, tenons compte de ses obligations de neutralité et admettons qu'un groupe secret de Français doit s'emparer de la question pour la mettre en action.

A cet effet, il réunit quelques millions de francs et nolise un navire sur lequel sont embarqués, à destination déclarée de Madagascar, cinq cents hommes recrutés soi-disant pour une entreprise industrielle ou agricole qu'il paraît facile de créer, sur le papier, sans bruit.

En sus de ce demi-millier de travailleurs embauchés avec circonspection, c'est-à-dire avec choix, il existe en toute évidence un noyau de contre-maîtres ayant à sa tête un comité technique et administratif: les directeurs.

Ceux du noyau sont des hommes sûrs, d'anciens officiers et sous-officiers, choisis par les quelques membres de ce comité.

Ces derniers connaissent le but du recrutement.

Le navire a des avaries de machine à hauteur de Lourenço-Marquez et il fait relâche, non indiquée sur le rôle d'équipage mais enregistrée dans le cerveau du capitaine, dans ce port anglo-portugais.

Là, — il faut que l'avarie ait été faite sur l'une des principales pièces de la machinerie ne pouvant être réparée à Lourenço, — le vaisseau est forcément en station durant quelques semaines, en attendant la pièce de rechange commandée en France.

Pendant ce temps, les passagers se répandent dans la ville portugaise, vivent et séjournent à terre.

En dehors d'eux — et leur attitude à bord a dû être telle que pas un passager non initié au but secret ne doit supposer une minute qu'ils sont de connivence avec le comité, — il existe trois intelligences, trois hommes possesseurs de hautes connaissances, trois enfants de France ambitieux pour leur Patrie et désireux de se faire un nom, en la servant pour ainsi dire à son insu.

Ce triumvirat, car ils sont la cime des cinq cents passagers et du noyau, ainsi que du Comité s'est embarqué pour *Madagascar*, sur le rôle d'équipage, sans autre raison que le tourisme. Mais, pour ne pas éveiller la police anglaise de Lourenço, ils ne séjourneront que peu de jours en ce port, et, sans bagages, ils pérégrinent dans les environs, en chassant, par exemple, pour bien connaître la topographie locale.

Puis à un moment donné et affichant toujours la curiosité sportive, ils prennent le train pour Prétoria. Il ne leur est pas difficile de voir secrètement le président Krüger auxquel ils exposent le plan de campagne élaboré à Paris.

Dans l'état éventuel des choses, le chef d'Etat du Transvaal comprend que si les Etats boërs ont pour eux un port comme Lourenço, l'avenir de la guerre d'indépendance s'éclaire beaucoup. Peu importe aux Boërs d'avoir ouvertement le Portugal contre eux. Ne l'ont-ils pas occultement ?

Devrait-on craindre une colonne de troupes portugaises venant du Nord du Mozambique qu'une telle éventualité ne surviendrait que fort tard après la formation de l'Etat libre du Limpopo. Quant à supposer une tentative de débarquement anglo-portugaise dans le golfe de Delagoa, il faut le faire mais, étant données les ressources de la nouvelle République, on peut admettre que pareil essai serait infructueux.

Il ne s'agit donc plus que de s'emparer, par un coup de main, de la résidence portugaise et des casernes.

On verra peut-être cela !

XII.

Quelques Denaisiens s'intéressaient chaudement à la cause des Boërs et ils se proposaient de se former en comité pour les aider.

Le *Journal de Denain* et ses confrères à double titre: le *Journal de Valenciennes*, le *Courrier de l'Escaut*, le *Journal de Bouchain* et le *Journal d'Anzin*, rendirent compte ainsi qu'il suit de ce petit mouvement denaisien, à la date du 4 Janvier 1900, et par la plume du soussigné :

GUERRE AUX ANGLAIS

On nous écrit de Denain :

En fait de sentiments, les actes valent mieux que les paroles.

C'est ce qu'a compris un groupe de patriotes de Denain.

Sachant bien que les chargés d'affaires et conseils des Etats libres du Transvaal et de l'Orange ne peuvent procéder au recrutement de volontaires en Europe, pour la lutte contre l'Anglais que ces Etats naissants soutiennent avec tant d'honneur et de succès, ces patriotes de la Ville Fumière se sont donnés la tâche de remédier aux rigueurs des lois de la neutralité, en imitant ce qui se fait beaucoup en Allemagne, en Hollande, en Belgique, en Russie et quelque peu en France — nous sommes toujours en retard, depuis qu'un régime de divisions intestines règne sur notre patrie, dans toutes ces choses de générosité universelle — c'est-à-dire qu'il est question de former quelque chose comme un comité populaire du Sud-Africain, à Denain.

Il se donnerait d'abord la mission d'envoyer au moins un volontaire en cette région pour combattre avec les Boërs, et il verrait ensuite à organiser une fête pour les blessés.

Le premier volontaire s'est déjà mis en sollicitation auprès des promoteurs, afin d'être mis en route sans délai; c'est un de nos concitoyens, vétéran colonial qui sèche d'envie d'aller combattre l'Anglais. Et ce n'est pas de sa faute si depuis les débuts de la guerre de l'indépendance boëre, il n'est pas parti : le voyage maritime coûte 700 francs déjà, par Marseille, et les autorités orangeo-transvaaliennes en Europe ne recrutent ni n'envoient personne, tant leur respect des lois sur la neutralité est grand. Offrant de courir tous les risques, y compris celui d'être « occis » par une balle anglaise, ce serait la moindre des choses que les frais de voyage fussent assurés au volontaire français par leurs compatriotes agissant à titre privé.

C'est ce qu'ont encore compris les amis du candidat denaisien et quelques uns de ceux de nos concitoyens qui n'aiment pas Albion —

l'opinion est assez commune sur ce point — et ils pensent à réaliser cette question au moyen d'une souscription, ou plutôt d'une participation.

C'est ainsi qu'agissent les comités étrangers et ceux de Paris, de Brest et autres villes de France, chacun pour les candidats de son clocher, pour les enfants de la petite patrie.

Et déjà aujourd'hui les États libres de l'Orange et du Transvaal ont reçu beaucoup de volontaires étrangers, surtout allemands et belges. Les français y sont encore en minorité. L'artillerie boëre compte de nombreux allemands dans ses cadres, la cavalerie aussi.

Est-ce l'anglophobie seulement qui pousse ces derniers, ou plutôt ceux qui les ont envoyés, (l'initiative privée), à assister les boërs dans leur guerre d'indépendance ! Non; il y a un autre mobile pour l'avenir : tous ces allemands aujourd'hui soldats pour les aider de leur expérience militaire, pour leur donner des avis et des conseils, pour se faire des relations, pour acquérir des titres, sinon des droits à la gratitude des gouvernants et des consommateurs sud-africains, seront demain, dès que la paix sera faite, les représentants du commerce allemand et les soutiens naturels de l'influence et de l'extension germaniques en Afrique australe, influence et extension morales et matérielles.

Qu'on médite bien sur ces vues des négociants d'Allemagne et qu'on veuille bien applaudir au but que se proposent les promoteurs du futur comité sud-africain de Denain : l'envoi immédiat d'un volontaire. Bien mieux, que chacun leur apporte son obole. Ainsi faisant, chacun mettra ses sentiments contre l'anglais en action.

Quitte à blesser sa modestie agissante et son amour de l'obscurité, nous devons désigner l'un des principaux promoteurs du comité susdit. Il est d'ailleurs très populaire et en même temps distingué par les autorités, il vient en effet d'être nommé délégué cantonal, c'est le sympathique et dévoué ami de tous, M. J.-B. Laurette, combattant de 1870, l'un des doyens de notre conseil municipal, l'un des fondateurs de l'ancienne ligue républicaine, secrétaire de celle qui s'est formée il y a deux ans.

Parlez-lui de l'Anglais, à ce français de vieille souche denaisienne, et vous entendrez l'expression la plus parfaite de la haine héréditaire contre le perfide insulaire qui supplicia Jeanne d'Arc.

Des amis des Boërs et des Afrikanders.

Cette information fut reproduite en entier ou en partie par nombre d'organes publics du Nord, comme un événement sensationnel et méritoire.

XIII.

L'affaire était en train et sans qu'il y ait d'organisation proprement dite un « comité » exista vite.

M. Jean-Baptiste Laurette, Conseiller municipal, délégué cantonal, vieux lutteur républicain, en était le Président virtuel et l'âme même.

Le Comité décida une réunion publique et il convoqua la population par affiches tricolores, comme suit :

. VILLE DE DENAIN, Salon Dubois

RÉUNION PUBLIQUE

le Vendredi 19 Janvier 1900, à 8 heures du soir

pour décider l'envoi, par les habitants de Denain, d'un ou plusieurs volontaires pour se joindre aux *Boërs* dans la guerre contre les Anglais.

Un groupe d'amis des Boërs.

Des listes de souscription avaient déjà circulé en ville et l'on se proposait d'en répandre en banlieue, dans le *Denaisis*.

Mais les sommes recueillies n'étaient pas très élevées et les Commissaires de ces listes éprouvèrent plutôt des mécomptes et des déceptions, contre toute espérance établie sur les apparences, du côté de notabilités industrielles du pays et auprès de certaines autres.

XIV

En vue de cette réunion publique et pour se conformer à la loi, *deux amis des boërs* se rendirent à l'Hôtel-de-ville de Denain et déclarèrent cette assemblée ; ce qui fut constaté par le certificat dont reproduction exacte :

Nous, Auguste-Robert Selle, Maire de la Ville de Denain, Conseiller Général du Nord,

Certifions et attestons qu'il nous a été fait ce jour, par MM. Guyot Evariste et Quény Albert, tous deux électeurs à Denain,

Déclaration d'une réunion publique devant avoir lieu le vendredi 19 Janvier 1900 à 8 heures du soir, au Salon Dubois, au cours de laquelle MM. Laurette et Fontaine solliciteront dans une conférence l'adhésion de volontaires désireux de se joindre aux boërs dans leur conflit contre les Anglais.

En foi de quoi nous avons délivré le présent récépissé conformément à la loi.

En l'Hôtel-de-Ville de Denain, le 17 Janvier 1900.

Le Maire, SELLE.

XV

De leur côté trois membres du « *Comité des Amis des Boërs* » préparaient leur besogne personnelle pour la réunion, comportant des conférences ou plutôt des causeries. Après organisation du bureau et de la présidence, bien laissée au choix du public assistant :

M. Jean-Baptiste Laurette devait exposer le but poursuivi et donner un aperçu sommaire de tout ce qui allait être soumis pour y intéresser tout le monde. Finalement, il devait faire appel aux Volontaires et présenter celui qui déjà s'était offert.

M. Emile Fontaine avait pour mission d'initier l'auditoire à l'histoire des Boërs et des Afrikanders.

L'auteur de ceci, volontaire déjà inscrit, était chargé de retracer sommairement la question purement militaire de la campagne actuelle.

Et il était probable qu'en dehors de ces orateurs occasionnels, qui avaient élaboré leurs récits en commun (1), d'autres personnes auraient parlé, ce qui était désirable.

XVI

Mais le vendredi 19, à 7 heures 1/2 du soir, c'est-à-dire au moment d'aller ouvrir la séance, pour ainsi dire, le Comité apprenait qu'une manifestation hostile avait été organisée par les socialistes denaisiens pour empêcher la réunion. Un membre du comité, M. Soissons-Mallez, Négociant-Brasseur retiré, vieillard respectable à tous les points de vue, avait même, entre autres, été injurié déjà en se rendant au salon Dubois. Les manifestants comprenaient une grande partie des ouvriers des anciens établissements Cail et plusieurs d'entre eux avaient menacé des gens et exhibé des boulons et morceaux de fer destinés à être lancés en assemblée.

De sorte que par suite des regrettables discussions politiques de la ville, et par la volonté occulte de quelques chefs socialistes agissant dans l'ombre pour exciter les ouvriers, la réunion ne put avoir lieu et le Comité ne put continuer son œuvre, puisque le but principal de cette assemblée était de faire appel à la bourse de tous les amis des boërs pour compléter les listes de souscription et envoyer au moins un volontaire, le soussigné.

XVII.

Quelques jours après, le 24 Janvier, le Maire de Denain envoya au soussigné un pli contenant diverses pièces, dont voici, à titre documentaire, la reproduction :

Comité Central des Volontaires pour le Transvaal

Président-Délégué: J. Langlade, Président de l'Union Fraternelle des Anciens Militaires, à Lectoure (Gers).

———

Monsieur le Maire,

Le Comité central des volontaires pour le Transvaal a l'honneur de vous prier de vouloir bien porter à la connaissance de votre Conseil Municipal et de vos administrés, à l'aide des moyens que vous jugerez utiles, l'appel ci-joint, qui a pour but la réalisation d'une idée généreuse, humanitaire et patriotique.

Veuillez agréer, Monsieur le Maire, l'assurance de notre considération respectueuse.

Pour le Comité,

Le Trésorier: C. MARINIER,

Commandant du génie en retraite, officier de la Légion d'Honneur, 227, rue Sainte-Catherine, à Bordeaux.

———

(1) Rédaction confiée à l'auteur de ceci.

Comité Central des Volontaires pour le Transvaal

AUX FRANÇAIS :

Un petit Peuple lutte pour son indépendance contre une Nation égoïste et arbitraire. Le droit et la justice peuvent être violés. La France, berceau des idées généreuses, n'assistera pas impassible à ce duel inégal et inique. Elle ne laissera pas égorger, sans forfaire à ses traditions de dévouement et de justice, cette nation boère vaillante et héroïque.

L'appel du Comité central des volontaires pour le Transvaal a été entendu et plus de mille adhésions sont parvenues à M. J. Langlade, président du Comité à Lectoure. Les représentants du Transvaal en Europe sont impuissants à favoriser actuellement ce mouvement. L'initiative privée a le devoir de montrer que l'abnégation et le dévouement sont encore du patrimoine de notre pays.

Le Comité ouvre une souscription pour pouvoir armer et envoyer au Transvaal les volontaires qui se sont spontanément offerts ; il adresse cet appel à tous les Français sans se préoccuper de leurs opinions ou de leur religion et avec la certitude d'être entendu.

<table>
<tr><td>Le Président,</td><td>Le Vice-Président,</td></tr>
<tr><td>J. LANGLADE, à Lectoure (Gers).</td><td>D. VILLECORUT, à Biarritz.</td></tr>
<tr><td>Le Secrétaire,</td><td>Le Trésorier,</td></tr>
<tr><td>L. GERVAIS, à Lectoure (Gers).</td><td>Commandant MAUSIEU.
Officier de la Légion d'Honneur
à Bordeaux.</td></tr>
</table>

Nous prions toutes les personnes charitables et dévouées à la cause que nous défendons, d'organiser des collectes et des souscriptions dans leur localité, et de les centraliser, le cas échéant, à la rédaction du Journal qui aura publié l'appel ci-dessous ou de les envoyer directement à

M. MAUSIEU, Commandant du Génie en retraite, Officier de la Légion d'Honneur Trésorier du Comité, 227, rue Sainte-Catherine à Bordeaux.

qui en accusera réception, avant le 15 Janvier prochain.

SOUSCRIPTION

PREMIÈRE LISTE

Capitaine Cadiot à Aubeterre	10 Fr.
Aux Boërs, pour acheter des cartouches et des balles dum-dum, contre les écumeurs et les forbans anglais, un officier sup'	5
Capitaine C.... à Pau	5
M. B''' à Bordeaux	20
M. Guyon Château La Prairie, Montmort	50
Madame Veuve Jules Delpit à Izon	50
M. Muratet, Pharmacien, à Lamothe-Landerron	10
M. Tessereau à Niort	5
M. Dupin à Aurillac, pour les braves Boërs	10
M. Gabriel Couran, Professeur d'Anglais, à Libourne	20
Anonyme Toulouse, pour les Boërs	20
M. Sarragousse « Les Enfants de Marmande »	10
Un ancien officier de Zouaves Périgueux	20
M. Ducasse à Cadaujac	3
M. J. E. à Bordeaux	10
M. Salin, rue Cannebière à Marseille	5
M. Tournier, commandant d'Artillerie en retraite Perpignan	10
M. Bourdier à St-Aigulin (Ch. Inf'')	20
M. Falque, Capitaine en retraite, Langres	1
M. Rouquet Spécialiste-Electricien, Montauban	2
Quête faite au banquet des Sapeurs-Pompiers de Bar-sur-Aube	10
Messieurs Vergès frères, Avocats, Perpignan	10
M. Léonce Nismes à Pont-de-Bardes (Lot-et-Gar'')	30
Café Catusse, un groupe d'Amis, Valence d'Agen	30
M. Louis Ollier, Avoué à Béziers	20
M. Bourgues à St-Hippolyte-du-Fort (Gard). Vivent nos frères Boërs !	10
M. Caron, rue de la Benauge, Bordeaux	5
M. Boilève, Ingénieur à Béziers	20
Commandant Muller à Mirande	5
M. Georges Mary Rédacteur en Chef du Bulletin du Syndicat National Agricole	10
M. Jules Poulain, café-tabac de la gare à Franconville (Seine)]	5
M. R. V. à Rouen	1
Total	442

Etait-ce dérision que cet envoi de la part du Service municipal? Puisque ses personnalités comprenaient des gens qu'à juste raison on devait soupçonner d'être les instigateurs de la manifestation anti-boëre du 19?

XVIII.

Faute de fonds nécessaires aux frais de voyage aucun volontaire ne put être mis en route.

L'auteur de ce travail lui-même dut renoncer à ses vues parce que, engagé moralement bientôt pour partir au Congo au compte d'une société de récolte d'ivoire et de caoutchouc, l'engagement effectif se réalisa et le départ pour cette colonie s'ensuivit, à la fin de février.

Mais j'adressais la lettre qui suit :

Messieurs Laurette, E. Fontaine, E. Tison, Hartmann
et consorts, du Comité d'envoi d'un volontaire au Transvaal.

Messieurs,

Ayant signé seulement hier à Paris mon engagement avec la Compagnie concessionnaire des Caoutchoucs et Produits du bassin de la Lobaye au Congo Français, et partant d'Anvers le 1ᵉʳ mars; devant d'ailleurs retourner encore à Paris pour quelques jours avant le départ, je n'aurai malheureusement plus le temps nécessaire pour aller vous remercier individuellement des efforts tentés pour satisfaire à ma candidature de volontaire pour les États boërs dans la guerre d'indépendance que leurs petits peuples soutiennent avec honneur et succès contre la puissante Angleterre.

Mais en vous assurant présentement de ma gratitude pour ce qui a été fait par vous, je vous serai également reconnaissant d'être l'interprète de sentiments analogues, nourris pour tous ceux qui ont apporté leur concours dans la souscription ouverte et pour tous les souscripteurs.

En témoignant ainsi de mes sentiments, je vous serai bien obligé de dire aussi que j'éprouve, dans ma joie actuelle d'aller voir les cieux africains pour y être une fois de plus un agent décidé des œuvres d'expansion française, que j'éprouve cependant le sincère regret de n'être pas sous les drapeaux boërs.

Veuillez agréer, Messieurs, l'expression réitérée de mes remerciements, de ma gratitude et mes salutations empressées.

E. G.

XIX.

Le séjour au Congo dura quelques mois et bientôt je tentai à nouveau l'envoi au Transvaal.

J'écrivais ceci :

Denain, le 10 Janvier 1901.

Monsieur le Consul Général de la République du Transvaal
à Paris.

Monsieur le Consul Général.

Quelques journaux parlent encore d'envoi de volontaires en Afrique du Sud par les soins d'autorités boërs en Europe. Je n'ignore pas la réserve imposée aux chargés d'affaires diplomatiques, mais je puis affirmer mon entière discrétion à tout égard et je m'engage sur l'honneur à ne point m'en départir sur le sujet de la présente.

Je suis toujours dans les mêmes dispositions depuis plus d'un an et je désirerais rejoindre les Etats boërs et combattre pour votre cause. Je ne demande que les moyens de transport. Votre lettre du 15 Janvier 1900, 131-8, 10,900, f° 155, m'avait dissuadé de tenter un départ par vos soins, mais le dire des journaux m'encourage à essayer à nouveau de rejoindre nos vaillants compatriotes.

J'ai l'honneur de vous prier, Monsieur le Consul Général, d'agréer mes respectueuses salutations.

E. G.

Dont réponse :

CONSULAT GÉNÉRAL DE LA RÉPUBLIQUE SUD-AFRICAINE

Paris, le 22 Janvier 1901.

Monsieur,

J'ai l'honneur de vous accuser réception de votre lettre du 10 courant. En réponse à votre demande, je ne puis que vous confirmer ma précédente lettre.

Pas plus qu'autrefois, les Représentants de la République Sud-Africaine ne sont autorisés de s'occuper d'enrôlements de volontaires. J'ignore qui a lancé à nouveau cette nouvelle.

Avec mes remerciements réitérés pour votre offre courageuse, veuillez agréer, Monsieur, l'expression de mes salutations empressées.

Le Consul Général,

J.-B. PIERSON.

Monsieur E. Guyot, rue de Villars, 93, Denain.

XX.

Il faut, à vrai dire, mille francs pour aller de Denain sur les lieux de lutte boëre. Il est bien regrettable qu'une somme si minime ne se trouve pas, car il n'y a point à désespérer de la cause boëre et ce serait bien le moment d'y envoyer des volontaires, maintenant que la piraterie anglaise oblige nos amis les boërs à entreprendre la *flibuste*, cette chose essentiellement française, que l'Histoire de notre Marine et de nos Colonies met à une place d'honneur.

E. G.

RÉSUMÉ DE L'ALLOCUTION

que devait faire M. Jean-Baptiste LAURETTE en ouvrant

la réunion.

Messieurs,

Vous savez déjà, par la rumeur publique, quel est l'objet de cette réunion que quelques « amis des boërs » ont provoquée à l'effet de faire coopérer tout ami des boërs à l'envoi, par souscription publique, d'un enfant du pays — tout au moins un — dans les contrées du Sud de l'Afrique. Des sommes sont déjà recueillies, nous en parlerons tout à l'heure.

Veuillez, conformément à vos droits et prérogatives, constituer le bureau de l'assemblée comme vous l'entendrez et, cela fait, et sans oublier que cette réunion n'a rien de localement politique — pour le prouver surabondamment, je vous proposerai d'acclamer comme président le maire de la ville, s'il est ici présent, ou l'un des adjoints ou conseillers municipaux — le Comité boërophile vous demande d'ores et déjà d'écouter attentivement MM. Émile Fontaine et Évariste Guyot, ainsi que tous ceux qui, parmi vous, désireraient prendre la parole sur l'ordre du jour exposé dans les affiches ayant convoqué la population.

En cessant de vous entretenir, permettez-moi, Messieurs, de crier, et ce cri est de circonstance :

« Vivent les Boërs ! »

CAUSERIE DE M. ÉMILE FONTAINE

sur les Origines Historiques

des nations Boëres et Africandères.

Messieurs,

En me présentant devant vous pour dire quelques mots après les paroles prononcées à l'instant, je n'ai pas du tout la prétention de jouer au conférencier ou de tenir le rôle d'un orateur. Il me serait fort difficile de tenter de devenir l'un ou l'autre, par l'excellente raison qu'il faut pour cela du talent et certaines capacités qui me font malheureusement défaut. D'ailleurs, il faut bien que je le dise aussi : je n'ai jamais pensé à avoir l'honneur de parler en public et surtout sur un sujet aussi loin de mes connaissances professionnelles et de mes aptitudes que celui concernant le vaillant petit peuple boër qui est en train d'étonner le monde et de faire la leçon à nos vieux ennemis les Anglais.

Je vais donc essayer de causer avec vous, en vous priant de m'accorder toute votre bonne volonté pour m'écouter et toute votre indulgence pour pardonner à la simplicité de mes paroles.

Comme presque tous ceux qui sont ici autour de ce bureau, c'est presque à l'improviste que j'ai dû m'occuper — et avec un grand plaisir je vous l'affirme — de la question de l'envoi d'un volontaire denaisien au Transvaal.

Il y a moins de quinze jours, le hasard me fit jeter les yeux sur un journal local — peu importe ici sa façon de traiter les choses autres que celle qui nous occupe en ce moment — et tout principalement mon regard s'attacha à une rubrique d'actualité : **Guerre aux Anglais.**

Préparé depuis longtemps déjà par notre histoire de France à ne pas aimer les fils de l'Angleterre, je parcourus avidement l'article correspondant à ce titre de circonstance et je me décidai immédiatement à entrer effectivement dans les vues et les projets exposés dans cet article.

Pour que vous soyez tous aussi avancés que moi sur la

question, permettez-moi de vous en donner lecture, afin également que vous connaissiez bien les raisons du rédacteur, raisons d'ordre supérieur et particulièrement françaises, patriotiques, comme vous le comprendrez aussi bien, sinon mieux que moi.

LECTURE (Voir page 17 : *Guerre aux Anglais*)

Ai-je besoin d'appuyer sur ce que vient de dire le rédacteur de ce journal ? Je ne le pense pas. L'importance de l'article a d'ailleurs été goûtée de plusieurs organes de la presse, puisque certains journaux l'ont reproduit en tout ou en partie.

Une fois décidé à ne pas rester en arrière des promoteurs de l'idée de l'envoi d'un volontaire au Transvaal, je ne perdis pas de temps, je vis notre ami J.-B. Laurette, tout d'abord, qui m'a réservé ma place dans le comité populaire. C'est tout ce que je demandais et, sans perdre une minute, je me rendis chez certaines personnalités afin de les intéresser à nos projets. Sans nommer personne, je puis vous dire que je réussis relativement bien et comme la plupart des membres du comité avaient agi et réussi de leur côté, nous n'avions plus qu'à marcher, ce que nous fîmes.

Mais avant de me lancer dans toute cette affaire, j'étais comme beaucoup d'entre vous tous : je lisais les journaux relatant les conflits d'abord et puis les combats entre les Boërs et les Anglais et, il faut bien que je l'avoue, je ne savais pas bien ce que c'était que ces boërs tenant tête à la puissante et perfide Albion, et j'ignorais aussi d'où ils venaient, ce qu'ils voulaient, ce qu'ils prétendaient en faisant parler d'eux dans les moindres coins de la terre. Enfin je voyais bien à peu près où étaient les Etats du Transvaal et de l'Orange, mais c'était de l'à-peu-près et pas autre chose. Il n'est pas bien sûr que je n'aurais pas confondu le pays boër avec celui de Ménélick.

Je ne pouvais pas rester dans cette ignorance et, me procurant de ci de là quelques livres et autres documents, j'arrivais en quelques jours à fixer mes idées et à acquérir de nouvelles connaissances. Je puis vous assurer qu'elles vinrent fort à point pour me faire comprendre les récits actuels de batailles, de combats, de marches et de contre-marches qu'on lit dans les journaux, car pour étudier les origines d'une nation il faut nécessairement faire de la géographie, locale si vous voulez, et aborder l'histoire de l'Afrique.

Je vais donc vous parler des Boërs, au mieux de ce que je sais.

Vers le milieu du XVIIe siècle, c'est-à-dire il y a environ 250 ans (1650), la pointe que forme vers le pôle-sud le continent africain n'était pas encore une colonie européenne. Il n'y avait pas d'ailleurs à cette époque de grandes quantités d'années que le navigateur portugais Vasco de Gama (en 1497) avait découvert cette pointe ou promontoire gigantesque, où il dénomma, je crois bien, le Cap des Tempêtes ou Cap des Tourmentes, à cause de certaines bourrasques et coups de vents que ses vaisseaux subirent, mais qu'on appela depuis Cap de Bonne-Espérance, en raison des avantages que le doublement de ce cap offrait aux navires et surtout à cause des excellents approvisionnements de toute nature qu'ils y trouvaient.

L'Afrique du Sud était donc inconnue en 1650, pour ainsi dire, et elle était peuplée de ces races noires que les européens poussent toujours devant eux, ou noient dans leurs envahissements incessants.

En 1650, il y avait en Hollande — et vous savez bien que ce petit pays des confins de la mer du Nord a eu une marine puissante et de riches et grandes colonies — il y avait en Hollande, dis-je, une Compagnie commerciale des Indes, créée pour entreprendre et provoquer le commerce des pierres et métaux précieux, des épices, des bois de senteur et d'ébénisterie — et peut-être aussi du bois d'ébène, autrement dit des nègres — entre les fertiles et fortunés pays d'Orient, comprenant les Indes et les îles considérables d'Océanie, et les marchés des Pays-Bas, aujourd'hui représentés par la Belgique et la Hollande.

L'administration de cette Compagnie hollandaise des Indes reconnut l'opportunité de constituer au Cap de Bonne-Espérance une station pour le ravitaillement de ses vaisseaux, qui y faisaient déjà relâche, depuis quelques années, en concurrence avec les bateaux anglais et portugais et aussi les navires français, car, à cette époque là, nous avions de hardis marins marchands.

Aussitôt décidée la chose fut exécutée.

La Compagnie des Indes recruta en Hollande un contingent d'émigrants, en vertu de ce principe, perdu de vue depuis, que la possession d'une nouvelle terre s'assure mieux par des émigrants que par des fonctionnaires passa-

gers, et expédia ce contingent dans le Sud de l'Afrique par
ses vaisseaux, en donnant à ce groupe de gens s'expatriant
(peut-être plus par patriotisme que par intérêt), un chef
émérite nommé Van Riebeck.

Retenez bien, Messieurs, le nom de ce modeste chef de
convoi d'expatriés! C'est de lui et des quelques familles
l'accompagnant que date l'origine des Boërs.

La colonie naissante abordait dans un pays splendide,
sur une terre produisant déjà de nombreux fruits et grains
des tropiques et qui se laissa travailler facilement pour
produire aussi tous les fruits et grains d'Europe dont ces
nouveaux colons africains s'étaient pourvus à leur départ de
Hollande.

A leur grande joie, ils virent que les dires de ceux qui
les avaient envoyés dans le Sud-Afrique pour jeter les bases
d'une nouvelle nation hollandaise étaient exacts. Quelques-
uns de ces émigrants avaient regretté leur décision de partir,
avant même que les navires à voiles les transportant n'aient
quitté les mers d'Europe. Mais ce découragement tomba
devant les splendeurs de la nature des nouvelles contrées!
Et sous leur ciel plus clément et plus doux que celui de notre
Provence, de Nice même, le premier noyau d'européens y
prospérant s'accrût bientôt non seulement de nombreuses
naissances, mais encore de nouveaux arrivants.

Les lettres des premiers et les récits des marins produi-
sirent en Hollande de telles impressions, on s'y rendit
tellement compte que la nouvelle colonie était un séjour
enchanteur et comme une sorte de Paradis terrestre, qu'en
1665, la municipalité d'Amsterdam et le gouvernement
hollandais bravèrent tous les errements, et tous les restes
de sensibilité déplacée et ils envoyèrent au Cap de Bonne-
Espérance tous les orphelins des hospices de la ville, ainsi
que tous les malheureux vivant à la charge de la charité
publique et de la bienfaisance administrative (1).

---

(1) C'est ce que devrait faire l'Etat français : donner des terres, des semailles, des
instruments aratoires, des vivres pendant un certain temps, des armes à des familles
françaises, auxquelles on imposerait un contingent minimum d'enfants par foyer,
celles n'en ayant peu recevraient des orphelins. Les hommes de ces familles
seraient les meilleurs conquérants et défenseurs éventuels de nos colonies salubres :
Algérie, Tunisie, Hauteurs du Fonta-Diallon et du Kong (Séné-Soudan), Haute-
Sangha, Altitudes de Madagascar, Iles océaniques, Tonkin.

Il appartiendrait à un Syndicat issu des Administrations hospitalières d'une
région française de mettre en pratique la vieille idée hollandaise et personnellement,
nous serions heureux d'aller avec un groupe d'émigrants, si une femme française
consentait à nous suivre en Afrique, ce pays où est toujours toute notre âme, pour y
créer une race forte et durable. Dans une pareille œuvre les femmes sont les
principaux artisans, car l'âme du foyer, d'une famille, d'une race est confiée aux
mères et aux épouses.

Une quinzaine d'années plus tard encore, le nouvel établissement colonial hollandais comptait déjà six cents européens. Et il y avait juste trente ans qu'on l'avait fondé ! Un tel résultat en si peu de temps ne fut pas sans influence sur les esprits des émigrés.

Ils se voyaient en société nombreuse et s'augmentant toujours par les naissances et les arrivées, car il y eut si peu de retours en Hollande que l'histoire les note à peine.

Les habitants des nouvelles terres n'étaient encore qu'une sorte de tribu hollandaise, où les liens du mariage resserraient chaque jour les parentés, de sorte que cette tribu de gens issus de diverses familles de la même nation devint bientôt et par les alliances une grande famille où le sang tendait à devenir unique.

C'est bien ainsi que se forment les nations filles des autres nations : c'est toujours le même sang, la même race, le même peuple habitant sous des cieux différents et ne subissant que les modifications inéluctables du climat et des nourritures.

Cet élément purement européen d'origine, hollandais de sang et de race, allait bientôt éprouver un grand changement, changement qui aurait pu perturber de fond en comble les fondations de cet élément, si le sort ne lui avait pas été favorable, ainsi que je vous l'expliquerai tout à l'heure.

Pour continuer la relation de l'origine des Boërs, je dois vous dire qu'en 1686 et 1687, à la suite de la révocation de l'édit de Nantes, de nombreuses familles de protestants Français, qui durent s'expatrier, choisirent comme nouvelle patrie le Cap de Bonne-Espérance, ce paradis du Sud-Afrique.

Tout à l'heure, je vous ai dit que l'embryon de nation hollandaise établi au Cap de Bonne-Espérance aurait pu être profondément perturbé, si le sort ne s'était pas montré favorable à son développement. C'est le moment de vous dire aussi que l'arrivée d'étrangers nombreux aurait été cause de bien des désordres, tout au moins moraux, dans la jeune colonie; si les colons d'hier et ceux des jours nouveaux n'avaient pas eu un point majeur d'affinité, un sérieux lien de communauté, un contact de grand espoir : *hollandais déjà établis et français arrivants avaient la même religion ;* c'étaient tous des protestants, des frères en la même foi.

En fallait-il plus pour que les malheureux chassés de France fussent reçus à bras ouverts, accueillis comme les nouveaux fils d'une famille s'agrandissant subitement *par la volonté divine!* disaient ces croyants de même foi.

Il y avait pourtant de grandes différences de race et de mœurs entre ces français fugitifs, qui étaient des paysans de nos Cévennes, de notre Poitou et de notre Angoûmois, et ces enfants des Pays-Bas. Il y avait entre eux une différence autrement importante : la langue.

Cela ne fit rien, la communauté de croyance, de religion, aplanit tout et voilà pourquoi j'ai dit, avec raison, ce me semble, que le sort avait favorisé l'éclosion pacifique de la nouvelle colonie.

Mais du jour où le bon sort lui sourit ainsi de nouveau, le Cap de Bonne-Espérance n'était plus habité par une petite nation hollandaise, il ne l'était pas davantage par une petite nation française. L'alliance de ces deux races venait de créer un nouveau peuple, qui n'avait pas encore de nom propre, il est vrai, *mais c'était déjà le peuple boër, avec lequel tous nos cœurs sont à l'heure actuelle. Et cela se comprend, il a de notre sang et il combat* **l'Anglais, notre ennemi héréditaire !**

Et savez-vous, sinon je vous l'apprends, que ces Boërs, qui sont par conséquent des demi-français, se sont souvenus de leur relation de sang et qu'en 1870 ils nous envoyèrent une compagnie de volontaires, voulant prouver ainsi qu'ils se savaient du sang français dans les veines.

Et les noms de famille des protestants Français fugitifs d'autrefois se sont maintenus purs de toute transformation orthographique dans ces pays du Sud-Afrique. Les noms qui y sont le plus portés, et qui comptent parmi les plus honorés de la société boère actuelle, sont ceux des Males-herbes, des Duplessis, des Plessis — patronymique d'un Consul général du Transvaal à Paris — des Du Toit, des Ménard, des Sénéchal, des Taillefer, etc., etc., et enfin des Joubert, nom porté par beaucoup de Boërs influents et par celui que vous connaissez tous bien certainement de répu-tation : le général en chef du Transvaal.

Comme vous le voyez, il est resté beaucoup de choses de notre race dans le Sud-Afrique, du sang, de l'esprit de nationalité et des noms.

Une chose est disparue : notre langue. Je tâcherai tout-à-l'heure d'en dire les motifs.

Mais avant d'aborder la seconde partie de ma causerie, j'ai encore à vous faire connaître ce fait, que, dans la région qui avoisine la ville du Cap, il se trouve un lopin territorial qu'on appelle en langue locale, la hollandaise, *Fransche-Hock,* ce qui veut dire *Coin de France.* En cette zone, la population est entièrement française de souche et, comme au Canada, elle a pieusement conservé le souvenir de la mère-patrie.

Une telle piété patriotique, un tel souvenir ne remue-raient-ils pas quelques cœurs en France, je dirai même tous les cœurs vraiment français et ne devons-nous pas tous faire un petit sacrifice, afin que la guerre d'indépendance boëre reçoive non seulement un peu d'argent de chacun de nous, mais encore quelques milliers de nos anciens officiers, de nos vieux soldats, de nos jeunes gens?

Tous, vous direz : *oui*.

Permettez-moi de vous faire le récit récent d'un journal pour vous présenter encore un trait de cet amour sacré de la patrie *française* dans les cœurs des boërs descendant de nos compatriotes, trait qui est en même temps un témoignage vivace de notre haine commune de l'Anglais.

Un voyageur français, trempé jusqu'aux os par un des majestueux et épouvantables orages s'abattant sur la région du tropique austral, se présenta une nuit au seuil d'une ferme de boër, située près d'une contrée appelée *Grande Terre des Bûcherons* ou plutôt *Grande Forêt des Hommes de bois,* à plusieurs centaines de kilomètres de toute ville ou bourgade.

Absolument abasourdi par l'orage, notre voyageur oublia de saluer le fermier en hollandais. Il le fit en langue anglaise !

Sans lui répondre et se rasseyant auprès du foyer, le boër impassible continua, en digne paysan qu'il était, de fumer sa pipe, posément et comme si le voyageur n'était pas là sous la pluie diluvienne, attendant, en homme poli, qu'on l'invite à entrer.

Au moment où l'imperturbabilité sauvage du boër allait décider son interlocuteur à aller chercher abri dans une grotte quelconque, une femme intervint, par une demande subite, et sortant d'une chambre du fond de la ferme :

— Qui est dehors par un temps pareil ? s'écria la femme s'adressant certainement à son mari, en hollandais.

Et le boër de répondre lentement, dédaigneusement, sans faire d'effort pour se faire entendre, et après une bouffée de pipe bien envoyée devant lui :

— *Oh! ce n'est qu'un Anglais.*

— Comment, un Anglais ? s'écria le voyageur, cette fois en langage hollandais : *mais je suis un Français de France même !*

A ce point de l'anecdote, n'oubliez point, messieurs, ce

que je vous ai dit tantôt, que la langue française était tombée en désuétude dans le Sud-Afrique, car c'est dans la langue de Hollande que le boër reprit vivement, et en courant au-devant du voyageur pour l'étreindre dans ses bras, ravi et étonné qu'il était :

— Ik ben ook een Franchsman ! (moi aussi je suis un Français !)

Et la femme accourut au galop pour fêter l'hôte, le compatriote de la grande patrie que la Providence envoyait à son foyer boër.

DEUXIÈME PARTIE

Dans les Boërs qui se signalent si bien à l'attention sympathique du monde entier, il y a des souches françaises et des souches hollandaises qui ne se sont point mêlées. Il y a en cela une sorte d'orgueil de famille ou plutôt un véritable amour patriarcal qui ne nuit aucunement à la communauté de nation.

Il y a un siècle déjà, c'est-à-dire environ 150 ans après la fondation de la colonie par Van Riebeck, et environ 115 années en suite de l'arrivée des premiers protestants victimes de l'Edit de Nantes, les deux contingents français et hollandais étaient absolument confondus sous le rapport de la langue, des mœurs, des habitudes. Les sympathies, ou plutôt les préférences, que les uns et les autres montraient, qui pour le Français de France, qui pour le Hollandais de Hollande, voyageant ou venant habiter en pays boër, s'expli-quent fort bien et très naturellement.

Voyez le Canada. Il y a là-bas des millions de Français ayant conservé la langue et les mœurs françaises. A côté d'eux, il y a des millions d'Anglais de langue et de mœurs. Il est évident que le Canadien français aura des préférences pour un Français de France plutôt que pour un Anglais d'Angleterre. Et le Canadien anglais aura des sentiments à la fois semblables et dissemblables.

Mais n'allez pas croire que malgré ces préférences ataviques, il pourra jamais naître des antipathies dans les Canadiens des deux races anglaise et française. Non! Le natif du Canada n'a pas oublié ses ancêtres, mais il est Canadien avant tout. Il y a des descendants de français et

d'anglais, chacun ayant gardé sa langue, au Canada, mais il
il n'y a que des Canadiens au Canada.

Il en est de même chez les Boërs, il n'y en a pas de deux
sortes, s'il y en a de deux origines.

— Tous les Boërs, il y a un siècle, unissaient leurs
efforts et mariaient leurs vues pour travailler à la prospérité
et au peuplement de la colonie hollandaise du Cap, qui
s'étendit graduellement au loin, envahissant des territoires
de la Hottentotie et qui atteignit, en 1786, c'est-à-dire trois
ans avant notre révolution, les frontières de la Cafrerie.

On voit que par leurs progrès, les Boers méritaient déjà
le surnom de *pères patriarches*, de *faiseurs d'enfants*, qu'on
leur appliqua maintes fois.

Mais, va-t-on me demander, enfin, d'où vient ce nom
de Boër ? (qu'on devrait prononcer *bour*, comme les hollandais, les anglais et les allemands, si déjà le génie de notre
langue n'avait pas décidé qu'il était préférable d'adopter la
prononciation bo-er, plus euphonique, c'est-à-dire plus
douce, plus coulante et, par conséquent, plus poétique que
la lourde syllabe *bour*. Je suis persuadé que les deux estimés
écrivains que possède Denain, MM. Julien Renard et Jules
Mousseron, seront de cet avis).

L'origine du mot *boër* est jusqu'ici assez obscure pour
moi. Je n'en ai pas encore trouvé de définition précise, nette.
J'ai lu d'une part que cela signifiait colon ; d'autre part que
cela voulait dire pasteur, et de dernière part que c'était un
terme venu d'un patois hollandais disparu. On dit encore
que ce vocable serait d'origine indigène, hottentote ou cafre,
parce qu'un voyageur dit que le mot *bour*, signifie : *maître,
seigneur, noble*, dans le langage d'une peuplade sénégalaise.
Mais du Sénégal au Cap, il y a bien loin, fort loin. Ce qui ne
veut pas dire qu'il n'existerait pas quelques rapports
linguistiques entre des nègres très éloignés les uns des
autres. Bref, s'il y a quelqu'un dans l'auditoire qui sache
une nouvelle version de la signification de boer, il rendrait
service à tous en la faisant connaître.

— Pendant les temps de prospérité primitive de la
colonie du Cap, c'est-à-dire avant l'année 1795, l'Angleterre
avait tenté, alors qu'elle cherchait noise à la Hollande, de
mettre les pieds au Cap de Bonne-Espérance. Mais une
escadre française, évoluant dans les parages du Sud-Afrique,
était accourue à toutes voiles offrir ses services au gouverneur hollandais et à ses administrés, ce qui contraignit
Messieurs les Anglais à renoncer à leur tentative perfide de

spoliation. Ils avaient jeté leurs yeux et leurs convoitises sur le beau port du Cap, où touchaient continuellement les nombreux navires de la Compagnie **anglaise** des Indes.

Mais vous savez aussi bien que moi que chez nos voisins des Iles Britanniques on ne perd pas de vue les occasions de s'emparer des territoires convoités et cela par n'importe quels moyens, les honnêtes et les malhonnêtes.

J'aborde à ce moment-ci la période critique de l'histoire de la Colonie du Cap, au point de vue *hollandais*.

Vous n'ignorez pas, messieurs, que, pendant les guerres de la Révolution, les armées françaises occupèrent la Hollande, notre cavalerie dirigée par Pichegru opérant la prise des flottes hollandaises, merveille militaire qui ne s'est pas encore reproduite; de sorte que tout lien se trouva brisé entre la mère-patrie batave et la colonie du Cap.

En ce temps-là, nous n'avions pas de marine de guerre, pour ainsi dire, et nous avions encore moins de politique coloniale, de sorte que nous ne pouvions pas songer à occuper les colonies hollandaises et pas davantage à les administrer effectivement.

La colonie du Cap de Bonne Espérance se trouva donc livrée à elle-même et en même temps livrée à la merci des Anglais.

En 1795, c'est-à-dire au moment où la Hollande se trouvait sous l'autorité française, les Boers proclamèrent leur indépendance, s'érigeant en une sorte de république biblique.

Mais le félin britannique guettait sa proie.

Sous prétexte d'assurer à la maison régnante de Hollande, réfugiée en Angleterre, la possession de sa domination coloniale, les Anglais s'emparèrent de la ville du Cap par une traîtrise.

L'indépendance boère, plus réelle que virtuelle quoique jeune, cessa de vivre du même coup, mais, si peu qu'elle avait duré, des germes en étaient sortis, on le verra tout à l'heure.

En 1815, la paix de l'Europe devait naturellement forcer la gardienne du Cap, l'Angleterre, à rendre la colonie à la Hollande. Les fameux traités de cette époque furent muets sur cet article, de sorte que les Boers passèrent au rang détesté de sujets anglais.

Ainsi en possession définitive d'une des plus belles régions du monde, les spoliateurs voulurent parfaire leur œuvre: il fallait britanniser les habitants du Cap! A cet effet, ils édictèrent pour les Boers l'obligation impérative de se servir exclusivement de la langue anglaise, même dans la vie de famille.

Pareille prétention fit éclater les colères qui couvaient depuis 1795. Un soulèvement formidable se déclara, surtout chez les fermiers et les pâtres habitant les lieux éloignés des villes, jusqu'aux rives du fleuve Orange. Mais ces hommes étaient mal armés et sans canons, et il leur manquait ces deux forces militaires sans lesquelles on ne peut rien faire : l'*incorporation* en unités tactiques, compagnies, bataillons et régiments, et la *discipline*, qui en est le ciment.

L'insurrection fut abattue et les insurgés réprimés avec une cruauté inouïe; le sang coula à flots dans toute la colonie et l'on eut à un moment donné, paraît-il, chez les gouvernants anglais, l'intention d'exterminer les Boers, qui se trouvaient tout au plus alors au nombre de 30,000. Mais ces gouvernants réfléchirent que les Boers étaient d'excellents colons, protégeant les villes et la côte anglicisées contre les noirs, qu'ils avaient refoulé au-delà du fleuve Orange.

On ne tua donc pas tous les insurgés boers, mais on les décima férocement.

Le calcul des Anglais qui arrêta l'extermination suffit cependant pour permettre aux *pères patriarches*, aux *faiseurs d'enfants*, de repeupler les rives du fleuve Orange, où ils avaient été parqués, en quelque sorte.

Et il vint un moment où la jeunesse, fondant de nouvelles familles, voulut se soustraire au joug anglais et à l'obligation de parler la langue d'Albion. Aventureusement et s'emparant de terres inoccupées, luttant contre les indigènes, on vit ces nouvelles familles, aussi prolifiques que les devancières, se jeter dans le bassin de la rivière dite *Vaal*.

L'émigration ne s'arrêta pas aux jeunes, ensuite les vexations anglaises sur les colons du bassin de l'Orange prirent un tel degré d'intensité que beaucoup de vieux boers résolurent de quitter le pays et de rejoindre la jeune parenté vers le Vaal, au milieu des peuplades cafres et zoulous.

En 1834, il se tint un grand conciliabule secret, où il fut décidé de fuir les autorités anglaises. C'est l'époque du premier grand exode boer, si ressemblant aux fuites des peuples bibliques.

Attelés de longues files de bœufs, leurs pesants et grossiers mais solides et pratiques chariots, chargés de tout ce qui était transportable, prirent la direction des plaines arrosées par le Vaal, suivis des troupeaux nombreux qui sont le fond de toute richesse, chez les Boers.

Pendant un an et demi, on les vit déserter la terre devenue anglaise et s'en aller habiter un nouveau sol, plus hospitalier à ces gens imbus de l'esprit de nationalité et avides de la liberté d'allures et de pensées.

L'Angleterre ne s'opposa point à la fuite : elle gagnait ainsi des champs et des pâtures pour ses propres enfants et pour tous autres émigrants d'Europe. Et, de plus, elle voyait dans les Boers en général, de hardis pionniers qui agrandiraient sa colonie en recevant les premiers chocs des indigènes, avec lesquels ils se battaient constamment pour protéger leurs troupeaux et récoltes et pour prendre possession des terres inexploitées par ces naturels.

Et les jeunes Boers, toujours sous la crainte de la domination anglaise qui s'annonçait malgré l'éloignement, commencèrent bientôt à passer sur la rive droite de la rivière Vaal, combattant contre les indigènes, les Matabélés, qui leur refusaient l'habitation, même à titre onéreux sur les terrains vagues de leurs royaumes.

Dès que ces indigènes furent repoussés de la rive septentrionale du Vaal, de nouvelles jeunesses rejoignirent les vainqueurs, de sorte que le territoire situé sur le fleuve Orange et la rivière Vaal, lequel territoire forme aujourd'hui l'Etat libre d'Orange, il ne resta plus bientôt que la vieillesse et l'âge mûr.

— Bonne occasion pour agrandir le domaine britannique, se dit le gouverneur du Cap, et il annexa tout le pays des vieux Boers d'Orangie qui s'étaient unis en une sorte de République très primitive.

Ce n'est pas sans lutte que l'annexion s'effectua. Les vieux Boers avaient pris les armes, mais à la bataille de Bloomplats ils furent accablés, vaincus, désarmés. Ceci se passait en 1848.

A nouveau on décida un exode pour aller bien au-delà du Vaal chercher l'indépendance dans les montagnes dont les difficultés naturelles étaient d'excellents remparts contre l'approche des Anglais.

Cette nouvelle émigration eut pour chef un jeune homme possédant une grande ascendance sur les anciens et les sages boers. Ce jeune homme s'appelait Prétorius, d'où la capitale du Transvaal a tiré son nom.

Les Anglais mirent la tête de Prétorius à prix. Cette fois ils n'avaient pas admis la fuite des Boers, qu'ils déclarèrent être une trahison de la part de leur chef.

Prétorius et les Boers répondirent à leurs persécuteurs

par la fondation de la République du Transvaal et la proclamation de Prétorius comme Président.

La guerre s'aggrava de ces faits, mais en 1852, la
Grande-Bretagne, lasse de lutter contre ces montagnards
récents, à la fois pasteurs, laboureurs et soldats, reconnut
la République du Transvaal et son indépendance par le
traité de Sand-River. Les Boers des terres au Nord du Vaal
étaient libres dans leurs affaires et dans leurs lois, désormais, pouvait-on croire.

Dans ces mêmes moments ceux des vieux Boers
habitant les lieux sis entre l'Orange et le Vaal qui n'avaient
pas suivi l'émigration, se formèrent définitivement en Etat,
lequel fut également reconnu indépendant par l'Angleterre,
en 1854, sous le nom d'Etat libre d'Orange.

Dès lors les deux républiques sœurs purent s'organiser,
malgré les protestations des Anglais de la ville du Cap et
de ceux du Natal, furieux de ne plus avoir d'action sur les
Boers qui les méprisaient et le leur montraient en toute
occasion.

En 1868 et en 1871 eut lieu la découverte des champs de
diamants et de filons aurifères dans les territoires du Transvaal et de l'Orange. Ce fut un événement universel qui
raviva les anciennes convoitises de l'Angleterre, habituée à
montrer la plus entière mauvaise foi dans l'observation des
traités qu'elle contracte.

Des meneurs du Cap, des Anglais bien entendu, se
répandirent en foule armée dans certaines provinces des
deux Républiques et les annexèrent brusquement à la
colonie anglaise. De ces provinces était le Griqualand, ayant
pour chef-lieu la bourgade de Kimberley, centre des gise-
ments diamantifères, assiégée aujourd'hui par les Boers
depuis quatre mois bientôt, et où se trouve enfermé le fameux
meneur Cécil Rhodes. Puis il y avait la zône de Kourouna,
qui vient de se rendre aux Boers et celle de Mafeking, ville
qui est également assiégée par nos amis.

En 1872, les mines de la Modder-River, situées un peu
au sud de Kimberley, attirèrent des milliers et des milliers
d'aventuriers, ce qui permit à la Grande-Bretagne de
préparer une de ses perfidies habituelles.

En 1877, le gouvernement de sa Très gracieuse Majesté
la reine Victoria envoya, avec une colonne volante et par une
sorte de surprise, dans la capitale du Transvaal, dans
Prétoria, un représentant qui était un maître.

Il y avait en cela un acte de mépris du droit international, un abus du droit des gens, une violation flagrante du traité d'indépendance de 1852, conclu à Sand-River, comme je vous l'ai dit tout à l'heure.

Le vieux Prétorius avait cessé de vivre. Trois champions du droit des peuples méconnu surgirent dans l'indignation générale qui soulevait les Boërs. Ces trois hommes étaient :

Le fils de Prétorius ;

Paul Krüger, aujourd'hui Président de la République du Transvaal ;

Joubert, général en chef des Boërs, dont je vous ai parlé il y a quelques instants.

La guerre éclata et les Anglais furent battus dans le pays des Zoulous.

On négocia, mais avec tant de mauvaise foi et d'atermoiements de la part des Anglais que les Boërs se rendirent vite compte que les retards ainsi créés n'avaient qu'un but : permettre à de nouveaux bataillons appelés des Indes de renforcer l'armée anglaise.

Il y eut alors une rupture éclatante.

Ces négociations et ces retards avaient fait atteindre l'année 1880, à la fin même, car ce fut le 13 Décembre que les tenaces Boërs rouvrirent la guerre d'indépendance, et cela au moyen d'un conciliabule secret tenu à cheval au milieu d'une plaine des environs de Prétoria. La République y fut proclamée de nouveau, ce qui rejetait les décrets d'annexion pris par l'Angleterre, et le peuple boër entra en campagne.

Quelques jours après, une petite colonne anglaise était anéantie et les Anglais d'Angleterre en reçurent la nouvelle pour la Noël, ce qui leur servit de gâteau. Il fut dur à digérer.

Quelques jours après, nouveau succès des Boërs, qui s'emparent d'un convoi où sont 1500 beaux chevaux de remonte. Puis arrive le désastre anglais de Laings-Nek.

Et vient la reddition de Potchefstroom, assiégée par le général Cronje, aujourd'hui général en chef des Boërs de l'État d'Orange. C'est à ce siège que l'on vit un vieux Boer tuer son fils que l'amour menait à la trahison.

L'évacuation de Prétoria suivit ces défaites consécutives anglaises. Un de leurs plus forts détachements s'était installé dans un camp retranché sous Prétoria, camp que les Boërs assiégèrent et contraignirent à signer un armistice.

La paix survint plus tard au plus grand profit du Transvaal, mais les Anglais réussirent à implanter leur suzeraineté.

— Mais il est temps que j'abrége le récit, vous avez suffisamment entendu la genèse des peuples Boers pour savoir ce qu'ils valent.

Il y a quatre ans, l'Angleterre, par les moyens qui lui sont familiers, tenta encore une fois de remettre le Transvaal sous le joug de l'annexion. Beaucoup de vous, messieurs, ont encore à la mémoire cette équipée de pirates qu'on a baptisés du nom de leur chef et d'un mot devenu terme militaire, je parle du *raid* Jameson, composé d'une bande de cavaliers aventuriers conduits par le docteur Jameson, qui avait pour but d'entrer dans Prétoria, clandestinement, et de se saisir ou de supprimer Paul Krüger et Joubert, afin d'établir la souveraineté totale anglaise sur le pays. Mais cette aventure tourna à la confusion de ses promoteurs et de ses agents d'exécution. Jameson et ses hommes furent faits prisonniers et les Boers, hommes fort humains, voulant éviter une nouvelle guerre pour laquelle ils n'étaient pas prêts, rendirent les prisonniers à l'Angleterre qui les avait désavoués d'abord, mais qui les glorifia ensuite.

— La guerre actuelle est trop près de nous pour que j'entreprenne de l'expliquer, mais elle a toujours le même motif : l'indépendance boere.

Il est bien évident que nous faisons des vœux pour qu'elle soit enfin un fait accompli, mais les souhaits et la sympathie morale ne suffisent pas, il faut des actes, pour le bien. Vous avez aujourd'hui une excellente occasion d'en faire un beau: Aidez-nous dans notre projet de répondre aux désirs de notre concitoyen ici présent qui veut aller assister les Boërs dans leur lutte, dans leur guerre sainte !

Messieurs, Vivent les Boërs ! Vivent les Etats libres du Sud-Afrique !

Quelques mots de M. Évariste GUYOT

QUESTION MILITAIRE

CHEZ LES BOËRS.

Après ce qui vient d'être si bien dit, il me serait fort difficile de ne pas ajouter quelques mots sur les Boërs.

Ces braves gens, qui, depuis 1795 luttent pour leur indépendance nationale et qui, depuis 1815 cherchent à se dégager du joug anglais, n'avaient jamais eu d'armée.

Chaque fois qu'il s'agissait de recourir aux armes pour avoir le droit de vivre sur des terres que les indigènes ne peuplaient pas beaucoup, d'où de vastes espaces sans exploitation; chaque fois qu'il fallut prendre les fusils contre l'Anglais pour rejeter sa domination, ce ne fut point par des groupes organisés comme nos bataillons, escadrons et compagnies que les Boërs se défendirent ou attaquèrent.

Généralement ils faisaient la guerre comme ils avaient la journalière habitude de chasser. Par l'embuscade et la surprise ils tombaient sur l'ennemi. C'était moins la guerre que la chasse qu'ils faisaient aux noirs et aux habits rouges d'Angleterre.

Si les Boërs ont si bien dompté les nègres, — que ceux-ci en ont une terreur épouvantable; si ces mêmes Boërs ont toujours présenté de vigoureuses défenses réussies et si souvent victorieuses : attaques de partisans contre les Anglais; si, en s'unissant par bandes ou *commandos,* ils ont eu un passé glorieux, ils ont enfin compris, et pendant la guerre actuelle, que leurs commandos et leur système de combattre avaient du bon, mais que, dans une lutte de peuple à peuple, il ne suffisait pas de faire la guerre en francs-tireurs, en tirailleurs, en chasseurs, en guérilleros.

En effet, si les Boërs, au lieu d'avoir à se défendre dans des positions d'embuscade ou d'avoir à attaquer par bandes, avaient pu se lancer, dès leurs premières victoires actuelles, dans une intrépide et méthodique poursuite des corps anglais, qu'ils mettaient en échec sans les anéantir, les Boers auraient sans trop de mal culbuté et détruit toutes les premières forces militaires que l'Angleterre envoya contre eux.

Si nos Boers, lorsqu'ils cernèrent Kimberley, Mafeking, assiégés depuis plusieurs mois, et plus tard Ladysmith, avaient au début des sièges livré de vigoureux assauts à toutes ces citadelles au lieu de les laisser s'organiser et se retrancher, les Boers en seraient aujourd'hui les maitres.

Que leur a-t-il manqué pour être à même de se livrer à d'énergiques offensives contre les armées et les citadelles anglaises ?

Quelques bons bataillons et quelques solides escadrons organisés à l'européenne, disciplinés, menés au feu par des cadres expérimentés ; sachant manœuvrer toujours unis en plaine comme en montagne sous le feu de l'ennemi, la poitrine exposée à tous ses coups.

C'est ce qu'ont enfin compris les chefs boers et depuis deux mois ils se sont créé un noyau de militaires (1).

Et c'est pourquoi ils sont heureux de recevoir dans leurs rangs, dans leurs bataillons, escadrons et batteries militaires, des vieux soldats d'Europe ayant occupé des grades et fait la guerre.

Comme me l'a dit verbalement un personnage boer occupant de hautes fonctions diplomatiques en Europe, je parais réunir toutes les conditions pour faire partie des purs éléments militaires des Boers et c'est pourquoi j'ai le plus grand désir d'aller là-bas, de façon à compter dans les soldats républicains qui, dans quelque temps, c'est assez probable, livreront des batailles rangées aux armées anglaises et des assauts à leurs citadelles. Ce sera ce système qui sera employé avant trois mois par les Boers pour venir à bout des Anglais et peut-être aussi de toute la colonie du Cap.

Qui sait ?

Dans les territoires anglais de cette colonie qui entourent les pays boers sur presque toutes leurs frontières, il y a encore d'assez nombreux descendants de Boers n'ayant pas autrefois suivi leurs frères dans l'émigration vers le Nord.

(1) Ceci avait été avancé d'après une information qui avait pour base quelques affaires de discipline et d'organisation effectuées bien en vain au Transvaal en pleine guerre.

Dans ces mêmes territoires il s'est installé depuis 200 ans nombre d'Européens de toutes nations, lesquels sont aujourd'hui représentés par des quantités de familles.

Ces fils d'anciens Boers et ces enfants d'émigrés de toutes sources sont déjà fort nombreux et beaucoup d'entre eux ont rejoint les Boers belligérants.

Ces descendants d'européens se distinguent par un nom spécial : on les appelle *Afrikanders*.

Le Boer, il est utile de faire ici cette distinction, est le campagnard des pays d'Orangie et du Transvaal. L'habitant des villes est plus spécialement dénommé *burgher*, ce qui veut dire tout simplement bourgeois, paraît-il.

Eh bien, la lutte pour l'indépendance, soutenue avec tant de succès et d'espoir jusqu'ici par les Boers et les Burghers du Transvaal et de l'Orangie, a éveillé dans l'esprit des Afrikanders un esprit de nationalité qui pourrait bien en arriver à produire un changement profond dans la question de l'Afrique du Sud (1).

Il n'y aurait rien d'étonnant, et c'est même pour beaucoup de monde une croyance et une espérance qu'aux Etats Boers du Transvaal et de l'Orange s'ajouteraient sous peu quelques Etats Africanders, prenant également le système républicain pour forme de gouvernement.

De sorte que tout le Sud-Afrique, pour ainsi dire complètement anglais, deviendrait une confédération d'Etats libres analogue à celle des Etats-Unis du Nord Amérique.

Voilà ce qui peut arriver demain.

Et cela si la victoire, je parle d'une victoire sanglante, d'une défaite complète des Anglais, d'une déroute de leurs forces armées, si la victoire vient donner aux Boers une supériorité militaire contre laquelle l'Angleterre ne pourrait plus grand chose, sinon plus rien.

Eh bien, et c'est pour en revenir à ce que je disais tantôt, une telle victoire ne sera possible que le jour ou une élite boère aura été encadrée par des soldats d'Europe et conduite à l'assaut des places anglaises et au feu des batailles rangées.

C'est dans ces dernières, et non dans une campagne de guérillas, que se décident le sort des guerres.

En offrant de me rendre comme volontaire dans les unités militaires qu'on est en train de former et d'aguerrir à

---

(1) Assertion ayant pour base des informations mal basées, car il est aujourd'hui à peu près certain que le rigorisme, le piétisme et l'intransigeance boère éloignent nombre d'Africanders.

l'attaque des citadelles et des lignes anglaises, j'ai l'espoir de faire ma petite part pour cette victoire décisive qui donnerait l'indépendance aux Boers et aux Afrikanders.

Et cette victoire, messieurs, serait, pour les Français y ayant coopéré, la meilleure revanche de Fashoda et une sorte de conquête nationale.

En effet, notre colonie de Madagascar est en face des régions où se déroule la guerre anglo-boer. Si les Anglais se voyaient dépossédés de la colonie du Cap, il est certain que Madagascar serait fort à l'abri d'une entreprise anglaise. Ce qui n'est pas jusqu'ici.

Mais cela peut venir par la victoire des Boers et par l'indépendance des Afrikanders.

Donc en allant là-bas chez les Boers, je ne cesserais point de servir mon pays, la France, puisque je combattrais l'Anglais.

Vivent les Boers!

CONCLUSION DU 15 AOUT 1901

Les Boërs en sont maintenant réduits à toutes les dernières extrémités pour leur indépendance. Dans leur guerre à outrance ils n'ont plus le choix des moyens. Tous sont bons vis-à-vis des Anglais.

Ceux-ci les traitent en brigands, en bandits.

Qu'ils agissent ainsi, et l'Afrique du Sud verra se lever le soleil de la Liberté, de l'Indépendance!

NOTE POSTÉRIEURE ET FINALE

CORSAIRES & FLIBUSTIERS

A l'heure qu'il est, et bien que le dénoûment ne soit plus douteux, la guerre continue avec énergie. Ni de part ni d'autre, on ne veut faire les moindres concessions. Au contraire, nous avons vu paraître la proclamation du généralissime anglais mettant tout boër armé en état de brigandage (1) et à ce titre la confiscation des propriétés et la déportation des familles sont entrées en voie d'exécution. Du côté des Boërs on s'est décidé — quinze mois trop tard — à faire la guerre à outrance et à vengeance.

Qui ne se rappelle les semaines où les républicains n'avaient qu'à se répandre dans tout le Sud-Africain pour en être les maîtres ? Et l'on se souvient aussi que si les boërs n'envahirent pas ces territoires de *leurs pères*, c'est tout simplement parce qu'ils voulurent faire la guerre d'indépendance au seul point de vue défensif, oubliant que la meilleure des défenses est encore l'attaque. Et ils voulurent aussi mettre de la courtoisie et de la correction, excessives — à vrai dire sans précédents dans les conflits armés d'Europe — dans l'état d'hostilités avec les anglais, qui cependant n'avaient pas mis de gants pour lancer sur eux le raid Jameson. Et on les vit, ces placides et naïfs boërs, se refuser à bondir sur les points stratégiques et les lieux fortifiés ou garnisonnés environnant leurs frontières. Et on les vit encore, humanitarisme outré, libérer journellement les prisonniers qu'ils faisaient et ménager les familles et les puissances individuelles britanniques résidant toujours au milieu d'eux. Ne pouvaient-ils, nos amis boërs, à l'instar des nations d'Europe, à l'exemple de Ménélick lui-même qui ne commit point la faute de lâcher ses captifs italiens, naguère, ne pouvaient-ils créer dans

---

(1) La proclamation de lord Kitchener, qu'on lira plus loin, ne dit pas cela dans son texte, mais on doit la lire en ayant à l'esprit l'interprétation qui lui a été donnée par M. Chamberlain en Angleterre, laquelle a été adoptée *avec joie* par tout le parti ministériel et par la majorité de la population britannique, comme elle a été acceptée avec plus que de la joie par le parti loyaliste (anglais) de l'Afrique du Sud, ce parti dont Cécil Rhodes et lord Milner sont les dirigeants.

D'après cette interprétation le but de la proclamation était de définir juridiquement la situation des choses. Avant le 15 Septembre les hostilités anglo-boërs se présentaient sous cette double forme : chez les anglais guerre régulière à des rebelles — depuis l'annexion des républiques les boërs n'ayant plus, pour Albion, la qualité de belligérants — chez les boërs, guérilla. Après le 15 Septembre il n'y a même plus de guérilleros rebelles, seuls sont en face des troupes et du gouvernement britanniques des bandits, des brigands : le banditisme boër barrant la route à la civilisation. Voilà la thèse du monde officiel d'Angleterre pour interpréter et appliquer la proclamation de Kitchener.

leurs vastes zônes du Nord des camps de concentration où ils auraient interné les prisonniers et les otages ?

Les Anglais n'y ont pas regardé de si près avec les Boërs : ils ont déporté les hommes, ils ont enlevé les femmes, les enfants, brûlé les propriétés bâties, etc., etc. Et ils continuent leur système de guerre, les Anglais, en déclarant brigands rebelles les naïfs et religieux Boërs, ce qui va permettre à Albion de les supprimer comme hommes libres d'Afrique et aussi de les ruiner dans leurs biens, dans leur race.

Voici en effet la proclamation de lord Kitchener aux Boërs et aux Afrikanders ayant rejoint leurs commandos :

« Attendu que les anciennes Républiques, Etat d'Orange et Sud-Africaine, ont été annexées aux possessions de Sa Majesté ;

« Attendu que les troupes de Sa Majesté sont et ont été pendant une période considérable en possession complète des sièges des gouvernements des deux territoires ci-dessus désignés, ainsi que de leurs bâtiments publics et de tous les rouages de l'administration, aussi bien que des principales villes et de la totalité des voies ferrées ;

« Attendu que la grande majorité des burghers des deux anciennes républiques, au nombre de 35,000, à l'exclusion de ceux qui sont tombés pendant la guerre et de ceux qui sont maintenant prisonniers, ont effectué leur soumission et vivent principalement dans les villes ou dans les camps sous la surveillance des troupes de Sa Majesté ;

« Attendu que les burghers des anciennes républiques encore en armes sont non seulement en très petit nombre, mais ont encore perdu presque tous leurs canons et leurs munitions de guerre ; qu'ils manquent d'organisation militaire régulière ou capable d'offrir aucune résistance aux troupes de Sa Majesté sur aucune partie des territoires ;

« Attendu que ces burghers encore en armes, bien qu'incapables de poursuivre une lutte régulière, continuent à se livrer à des attaques isolées contre des petits postes et des détachements de troupes de Sa Majesté, aussi bien dans la colonie du fleuve Orange et du Transvaal que sur d'autres points des provinces sud-africaines de Sa Majesté ;

Attendu que le pays est livré au désordre, ce qui empêche la reprise des travaux agricoles et de l'industrie ;

« Attendu que le gouvernement de Sa Majesté est résolu à mettre un terme à un état de choses qui prolonge sans raison l'effusion du sang et la destruction et apporte la ruine à la grande majorité des habitants qui désirent vivement vivre en paix et gagner leur vie et celle de leur famille ;

« Attendu qu'il est juste de prendre des mesures contre ceux qui résistent encore, et particulièrement contre les personnes qui, jouissant de l'autorité, sont responsables de la prolongation de l'état d'anarchie actuel et qui encouragent leurs compatriotes à continuer une résistance désespérée au gouvernement de Sa Majesté ;

« C'est pourquoi, moi, lord Kitchener, agissant maintenant d'après les instructions du gouvernement de Sa Majesté, je proclame et annonce ce qui suit :

« Tous les commandants, fields-cornets, chefs de bandes armées des burghers des anciennes républiques qui continuent leur résistance aux troupes de Sa Majesté, aussi bien dans la colonie du fleuve Orange et dans celle du Transvaal que sur d'autres points des possessions Sud-Afriaines de Sa Majesté, et tous les membres du gouvernement des anciennes Républiques, l'Etat libre d'Orange et Sud-Africaine, seront, s'ils n'effectuent leur reddition avant le 15 septembre, proclamés bannis à perpétuité du Sud de l'Afrique.

« Le coût de l'entretien des familles de tous les burghers tenant la campagne, qui n'auraient pas effectué leur soumission le 15 septembre, sera mise à la charge de ces burghers et leurs biens meubles et immeubles dans les deux colonies seront vendus. »

∴

Plus haut il a été dit que le dénouement de la guerre du Sud-Africain n'était plus douteux.

C'est ainsi, en effet, qu'il faut se prononcer, car nos amis les Boërs auront beau faire seuls, leur résistance semble désormais inutile si elle reste digne d'admiration. Elle est glorieuse pour la race, mais aussi néfaste pour elle maintenant, car la résistance amènera ce qui doit être le plus grand désir des Anglais : l'anéantissement des familles boëres.

Déjà cette destruction est en marche. Les Boërs qui guerroient encore, loin de leurs femmes, et les Boërs prisonniers des Anglais ne reproduisent plus, évidemment, d'où il ressort un arrêt absolu dans la série des générations. De plus ces combattants et ces captifs ont eu ou ont des fatigues et des privations dont le retentissement ira jusqu'aux conceptions de l'avenir : elles seront affaiblies du côté homme. Il en est et il en sera de même du côté des femmes et des enfants parqués dans les camps de concentration. Beaucoup meurent, tous s'y affaiblissent physiquement et moralement.

Quant aux Boers ou Burghers soumis aux Anglais, ils ne sauraient de leur côté produire d'excellents rejetons au point de vue de la qualité de la race, puisqu'eux-mêmes ont subi ou subissent des transes et souffrent dans leurs affections intimes, comme dans leurs aspirations.

Non, les Boers sont maintenant trop peu nombreux pour se débarrasser du joug de l'Anglais les étreignant. Leurs commandos ont beau recevoir des volontaires africanders, les frères voisins de l'Orange et du Transvaal, ils n'en recevront jamais assez pour redevenir les maîtres de la situation en Afrique du Sud, comme ils le furent il y a bientôt deux ans.

Pour que les Républiques sœurs reparaissent à l'état de nations, il faudrait que les colonies africandères du Cap et du Natal déclarent leur indépendance et par suite qu'elles s'insurgent contre l'Anglais. Mais si dans les territoires de ces colonies on est certain de rencontrer beaucoup d'amitié pour les Boërs, elle ne va pas jusqu'à se décider à les seconder dans leur cause patriotique, en se détachant de l'empire britannique pour en arriver à la constitution des États-unis sud-africains. Trop de divergences de fonds séparent nombre d'Afrikanders et Boers, ceux-ci réfractaires au mouvement de libération spirituelle qui secoue les peuples du monde et les emporte vers les progrès intellectuels et matériels de toute nature ; et trop de questions d'intérêt réunissent les premiers aux Anglais, les maîtres des influences locales et les possesseurs de l'industrie et du commerce : voilà tout ce qu'il faut reconnaître aujourd'hui.

∴

L'opinion publique européenne, dans sa fraction — la plus importante — favorable aux Boërs a tenté de décider les gouvernements aujourd'hui nomades ou extériorisés du Transvaal et de l'Orange à délivrer des lettres de marque à des associations marino-financières désirant coopérer à la résistance boëre, par la guerre de course par des navires corsaires.

Le vénérable Président du Transvaal, M. Krüger, a été touché de près par des propositions de ce genre, émanant de groupements non boërs.

Examinons donc cette question de guerre de course sous son jour véritable et nous verrons qu'elle n'est plus guère possible, surtout avec une puissance navale comme l'Angleterre. Ici nous laissons la parole (1) à un maitre du journalisme, M. Camille Pelletan (*Matin* du Mardi 3 Septembre 1901).

LA GUERRE DE COURSE

On a quelque peu discuté, ces jours-ci, si les représentants du gouvernement des Boërs en Europe pouvaient accepter les propositions qui lui offraient de faire la guerre de course contre la flotte commerciale anglaise. S'il s'agit de la question de droit, elle ne parait pas douteuse. La guerre de course a été jusqu'au milieu du dix-neuvième siècle, un des éléments, parfaitement admis par tous, des guerres européennes. Il est vrai qu'à ce moment les grandes puissances y ont renoncé. Mais les grandes puissances n'ont jamais eu la prétention d'exercer, sur toute la surface du globe, le pouvoir législatif. La clause par laquelle on a supprimé les corsaires fait partie d'un traité, et ne lie que ceux qui ont délibéré et signé l'acte où elle est contenue. Les républiques boërs ont par conséquent, à cet égard, une pleine liberté d'action, et nul n'a qualité pour leur interdire de se servir d'une arme dont tout le monde se servait autrefois.

Il est vrai que le monde civilisé, en toute autre occasion, ne pourrait pas voir, sans une profonde répugnance, recourir à des moyens qui aggravent les maux que la guerre entraine après elle. Mais puisque le monde civilisé reste inerte devant le spectacle que l'Angleterre donne dans l'Afrique du sud, il lui faudrait un certain cynisme pour jouer l'indignation quand la malheureuse petite nation, si odieusement écrasée, emploie pour se défendre toutes les ressources qui lui restent. Les abominables dévastations commises là-bas, la monstrueuse innovation qui consiste à s'emparer des femmes, des enfants et des vieillards et à parquer dans des camps fort semblables à des prisons des populations civiles entières, le retour à la plus sauvage barbarie qui caractérise l'œuvre de conquête britannique interdisent à nos voisins d'outre-Manche toute protestation contre les armes dont leurs victimes se serviront ; la capture et la destruction de quelques navires de commerce serait chose bien insignifiante, en comparaison de ces atrocités.

Le gouvernement des Boërs pourrait donc parfaitement déchaîner la guerre de course contre la flotte commerciale anglaise, sans violer aucun droit et sans avoir aucun remords à éprouver. Mais l'emploi d'un

---

(1) Le 20 août, lorsque nous remîmes le manuscrit du présent recueil à l'imprimeur nous avions rédigé un chapitre sur la *Guerre de Course*, à propos des boërs, et dans un sens négatif, mais deux semaines après, paraissait l'article qui dit mieux ce que nous voulions dire.

pareil moyen de lutte est-il pratique? Et pourrait-on atteindre les résultats que l'on cherche? Il y a de bonnes raisons d'en douter.

L'amiral Aube, qui en marine a émis les plus justes idées et marqué sa voie à l'avenir, pensait qu'il faudrait en revenir aux corsaires, surtout si c'était l'Angleterre qu'on voulait frapper. C'est peut-être la seule des idées défendues par lui qui me semble tout-à-fait inexacte. Je suppose, ce qui est fort invraisemblable, qu'on ait quelque chance de réussir à obliger la flotte de commerce ennemie à se tenir à l'abri pendant toute la durée des hostilités. En quoi aurait-on avancé d'une minute l'heure de la victoire définitive? Est-ce parce qu'on aurait ruiné les armateurs et tous ceux qui vivent du transport des marchandises par mer? Ils forment une très faible minorité dans tous les pays, même chez nos voisins, et quand encore ils aimeraient mieux se soumettre aux exigences de l'ennemi que de risquer de perdre leurs navires, ils n'auraient aucun moyen d'imposer cette façon de voir à la majorité du pays. Croit-on qu'on bloquerait et qu'on affamerait l'Angleterre? Tous les neutres se hâteraient d'autant plus à la ravitailler que l'enchérissement des vivres rendrait l'opération plus profitable. Et quel est le pays engagé dans une guerre avec une grande puissance qui s'exposerait à se mettre à dos par surcroît les puissances neutres, en essayant d'interdire à leurs nationaux de gros bénéfices?

Mais il y a une question de possibilité matérielle qui prime ces considérations. La guerre de course était pratique au temps de la navigation à voiles, où un navire pouvait tenir la mer indéfiniment. Un vapeur n'a pas les mêmes facilités. Il faut qu'à des intervalles assez courts il aille renouveler au moins son charbon. Le corsaire serait aperçu et signalé dans tous les ports où il irait faire cette opération; c'est dire s'il aurait des chances d'être rattrapé par des navires de guerre véritables qui l'auraient bientôt détruit. Dans le cas présent, comment des corsaires au service des Boërs échapperaient-ils aux vaisseaux que les Anglais mettraient à leurs trousses? Les navires de guerre modernes sont, d'une façon générale, particulièrement bien organisés pour pouvoir donner, pendant un court espace de temps, de très grandes vitesses: les nouveaux croiseurs cuirassés anglais filent jusqu'à vingt-trois nœuds. Où trouverait-on, pour les armer en corsaires, des navires assez rapides pour leur échapper? Il n'y a guère, pour déployer une vitesse égale ou très légèrement supérieure, que deux ou trois paquebots allemands, encore en construction ou achevés d'hier. Un corsaire rencontré serait donc un corsaire perdu; car, s'il ne peut pas se dérober par la fuite, l'écrasante supériorité de l'artillerie ennemie l'aurait bien vite condamné à se rendre ou à se laisser couler.

Je ne vois guère qu'un type de navire qui pourrait ne rien craindre de l'armée de géants formidables que l'Angleterre peut jeter sur toutes les mers du globe: c'est le navire que l'amiral Aube rêvait de donner à notre flotte et dont notre marine ne veut pas. Les colosses cuirassés sont vulnérables sous l'eau, jusqu'à la ceinture; garantis contre l'artillerie la plus terrible, ils sont désarmés devant la torpille. Mais comme la torpille ne peut-être lancée qu'à une très faible distance dont leur artillerie interdit l'accès à tout ce qu'ils visent au-dessus de l'eau, le sous-marin est à peu près seul à pouvoir les frapper. Il est vrai qu'ils sont à sa merci.

Le navire qui porterait des sous-marins très légers suspendus à ses flancs, et qui pourrait les mettre rapidement à l'eau au moment du péril serait donc pour ces colosses un ennemi très redoutable. L'opération est facile : elle a été essayée et réussie à Cherbourg, il y a une dizaine d'années, avec les appareils les plus rudimentaires. Notre marine officielle vante beaucoup ses sous-marins, qui vont, dans les manœuvres de paix, comme cela a été convenu d'avance, torpiller quelque cuirassé près duquel ils ont été traînés au bout d'un câble par un remorqueur. Ce système est visiblement absurde ; les remorqueurs ordinaires ne pourraient pas se hasarder en mer, en temps de guerre, et le croiseur ou le corsaire qui s'aviserait de remorquer des sous-marins jusqu'au lieu du combat serait paralysé dans tous ses mouvements. Ceux de ces bateaux submersibles qui n'ont pas en eux la force nécessaire pour aller au loin sans aucun secours, et qui sont trop volumineux et trop pesants pour pouvoir être embarqués, ne pourront donc jamais être employés que le long des côtes. Mais le petit sous-marin, de douze à quinze tonnes au plus, qu'un grand navire pourrait emporter avec lui pour l'attaque ou pour la défense rendrait évidemment celui-ci redoutable pour les croiseurs ou les cuirassés les plus puissants.

Tels ne sont pas les corsaires qu'on a songé à armer dans ces derniers temps, et s'ils sont réduits aux armes déjà connues, il n'est que trop évident qu'en face d'une flotte aussi considérable que la flotte anglaise, ils seraient beaucoup plus exposés que les navires de commerce qu'ils seraient destinés à détruire ; ils seraient chassés beaucoup plus qu'ils ne chasseraient. Voilà pourquoi le droit incontestable qu'ont les Boërs de recourir à la guerre de course restera probablement un droit platonique.

CAMILLE PELLETAN.

.•.

En dehors de la série d'empêchements ou d'obstacles moraux et matériels avancés par l'éminente plume de M. Camille Pelletan, voyons d'autres empêchements dirimants ou autres qui existent dans le fond même de la question de guerre de course :

L'Angleterre a notifié aux puissances d'Europe, d'Amérique et d'Asie et, selon le protocole diplomatique, l'annexion à son empire des terres orangeo-transvaaliennes, qu'elle a spécialisées en *Colonies*, au même titre que les colonies du Cap, du Natal et de la Rhodésia qui les entourent. En agissant ainsi, le gouvernement britannique n'a fait que se conformer à des précédents nombreux. Nous en trouverions en France même, et de récents, à propos de certaines de nos possessions coloniales.

Parmi les gouvernements européens ou autres ayant été touchés par la notification anglaise, s'en est-il trouvé un seul ayant protesté contre la double annexion et déniant toute valeur à celle-ci ?

Nous ne croyons pas (1).

Le monde officiel universel a donc adhéré tacitement par son mutisme au fait accompli, et en droit strict, il reste à savoir si les gouvernements d'Orange et du Transvaal, toujours existants d'eux-mêmes

---

(1) Mais il y a quelque chose de bien curieux dans cette question. Malgré sa neutralité absolue la France agit dans ses rouages officiels comme si l'Angleterre ne lui avait pas notifié l'annexion des territoires boers. On trouve en effet dans le *Journal Officiel de la République Française* du 17 Septembre 1901 un décret rendu sur la proposition du ministre du commerce, relatif à « l'affranchissement des colis postaux à destination de la république des Honduras, *de l'État libre d'Orange et de la République du Transvaal ; ....* » !

et par la volonté des boërs encore en état de guerre, auraient, au point de vue international le pouvoir de permettre à leurs représentants en Europe d'accepter les propositions offrant à ces gouvernements de faire la guerre de course contre la flotte commerciale anglaise. La réponse à la question n'est pas un instant douteuse : l'acceptation de telles propositions ne peut être donnée que par les gouvernements intéressés eux-mêmes et non par leurs délégués diplomatiques ou consulaires à l'étranger. Les lettres de marque ne pourraient être datées et signées qu'en territoire boër effectif. Mais dira-t-on, le Président Krüger a qualité pour remplir ces obligations. Pas davantage. *L'Auguste Vieillard boër*, est toujours le Président de la République Sud-Africaine et moralement, sinon de fait, il est aussi le haut plénipotentiaire de la République de l'État libre d'Orange, mais le noble père Krüger n'a point en soi les deux gouvernements de fortune de ces pays.

Et cela par la raison majeure qu'un gouvernement ne s'extériorise (1) pas chez un État républicain ou constitutionnel. Et il est probable qu'un monarque absolu n'a pas davantage cette faculté. Supposons le Tzar russe en mission, en visite, ou résidant en fugitif chez nous, en France, on ne peut pas s'imaginer qu'il pourrait dater et signer à Paris, par exemple, des lettres de course et du sein d'un territoire neutre faire ainsi un acte de belligérance susceptible d'être admis en droit international, pas plus qu'en fait d'ailleurs.

Autre raison, qui vient interdire la délivrance de lettres de marque à des corsaires par les gouvernements boërs eux-mêmes. La nation boëre n'a ni marins, ni marine, ni frontière maritime et par conséquent les corsaires dont on voudrait la doter comme force belligérante seraient étrangers : navires, armement, équipages. Or, en droit maritime international, les premières et inévitables conditions pour qu'un navire et son équipage ne soient pas considérés comme *pirates* par toutes les marines de guerre et par tous les États du monde, c'est : 1° celle de la nationalisation du flotteur, toujours, y compris tous ses engins ; 2° celle de la naturalité ou bien de la naturalisation de son équipage, celle-ci ne serait-elle que tacite ou conventielle, comme c'est le cas pour le peu de marins étrangers pouvant servir sur les bateaux de commerce français.

La nationalisation s'indique toujours par le pavillon ou drapeau du pays porté par le flotteur ou navire et elle se démontre par les papiers du bord. Ceux-ci prouvent également l'état de naturalité ou l'état de naturalisation des officiers et hommes de l'équipage.

Si les peuples d'Orange et du Transvaal avaient eu sur les mers — — hypothèse pure, car sans ports nationaux on ne voit guère comment une puissance quelconque prêterait un ou plusieurs des siens pour le rattachement — des navires à eux battant leurs pavillons nationaux, on admettrait encore que leurs gouvernements actuels — en quelque sorte disqualifiés par la notification anglaise d'annexion non rejetée par les États — aient le droit moral et effectif d'augmenter le nombre de ces navires et d'y comprendre des corsaires ; mais du moment que jamais un pavillon ni un navire de nation boëre n'a sillonné une seule mer, il n'est plus possible d'en voir un désormais, du moins tant que la nationalité boëre ne sera pas restaurée en fait.

Et cela parce que la nationalisation des vaisseaux marchands (en France même cette qualité-ci porte le nom de *francisation*) et la naturalisation conventionnelle des marins étrangers compris dans les équipages

---

(1) Autrement que par les ambassades, les légations et les consulats.

sont des états de choses ayant des effets universels en vertu de lois et de réglementations toujours contemporaines et issues d'un gouvernement régulier, incontesté.

Si devant l'audace de la conquête anglaise, devant le cynisme de son annexion sans traité, nous devons toujours considérer comme existants les gouvernements ambulants des boërs, nous devons aussi limiter cette considération d'existence aux seuls territoires des républiques. En dehors d'eux, nous le répétons, les gouvernements boërs n'ont plus qu'un état virtuel d'existence puisque la notification d'annexion faite par Albion aux États du monde est restée sans suite dans les chancelleries.

Pour que cet état virtuel redevienne effectif, il faudrait que les orangiens et les transvaaliens aient réoccupé leurs territoires en maîtres et réinstallé leurs organes gouvernementaux. A ce moment-là peut-être, ceux-ci pourraient-ils ouvrir l'ère d'une guerre de course, mais, d'une part, on doit se demander s'il est permis à la Suisse, enclavée de frontières terrestres, de nourrir, l'occasion échéant, une pareille éventualité pour elle, et, d'autre part, on a vu par l'argumentation si logique de M. C. Pelletan que c'est une chose bien peu pratique et sans résultats décisifs qu'une guerre de course à l'époque actuelle.

Nous ne la croyons donc pas désirable ni possible pour les boërs et c'est avec satisfaction qu'on voit leurs représentants de race délégués en Europe — et non plus représentants d'États — ne pas tomber dans la faute de la délivrance de lettres de marque à des navires et à des équipages non-boërs. Pour beaucoup de puissances c'eût été un acte inadmissible et les corsaires auraient été à leurs yeux des pirates et rien de plus ni de moins. Nous l'avons dit, la souveraineté d'un pays ne s'extériorise pas, à moins de délégation expresse et régulière de cette souveraineté existante bel et bien en droit et en fait. En droit, la souveraineté boëre est discutable depuis la notification d'annexion et en fait elle est plutôt morale qu'effective puisque les anglais sont maîtres de ses territoires par une occupation réelle : forces militaires, organes administratifs.

Enfin, dernière raison démontrant l'impuissance des représentants et délégués boërs résidant en Europe, si grands qu'ils sont et si hauts qu'ils furent en leurs pays : on a vu dans la première partie de ce travail (documentation) que les lois de la neutralité interdisaient aux Légats et Consuls boërs le recrutement de volontaires étrangers, à plus forte raison ne peuvent-ils engager des navires et des marins pour commettre des *actes de belligérance*, selon les protagonistes du corsaire boër, envers l'Angleterre.

Le corsaire boër n'est pas possible, disons-le bien sans en rien toucher à nos vives sympathies pour les braves gens du Sud-Afrique.

Mais lord Chamberlain qualifie et nomme **brigand** tout boër se battant maintenant contre l'armée anglaise. Eh bien, si la lutte continuait longtemps encore là-bas, les représentants *non-diplomatiques* en Europe — il y en a — de ces brigands peuvent avoir à leur service hors du Transvaal et de l'Orange des étrangers, des gens qui se mettraient volontairement hors des lois et qui pour l'amour du boër se feraient forbans, pirates, écumeurs de mer contre les Anglais et cela comme le firent autrefois contre eux et pour nous nombre d'hommes aussi valeureux que divers, admis sous une même chose : *la flibuste*.

Nous sommes d'avis que le dénoûment des hostilités, entrant dans leur troisième anné maintenant, sera, dans les conditions actuelles, fatal aux boërs, non point que nous ayons abandonné tout espoir en leur faveur, mais parce que ce qui les a perdus depuis le redoutable renforcement des forces anglaises est encore, s'il n'y survient pas de changement, ce qui les perd et ce qui les perdra définitivement; en outre des conditions d'infériorité numérique dans lesquelles ils se trouvent tant sous le rapport des effectifs que sous celui de l'artillerie, des fusils et des munitions, il y a en effet tout un ordre de choses néfaste à la cause boëre. Le voici rapidement exposé par un officier (1) ayant fait 10 mois de campagne avec le colonel Villebois-Mareuil, officier qui donne la même impression que le *carnet* de ce dernier:

« C'est l'indiscipline, l'inorganisation qui a perdu les Boërs. Leurs généraux ne savaient point commander ni leurs soldats obéir. Mille faits l'ont montré. C'est, par exemple, le général boër Du Toit, auquel Villebois-Mareuil conseille d'enlever sans délai par surprise, et en profitant de circonstances bien immédiatement favorables, une batterie dont la prise ouvrirait la porte de Kimberley: « Attends un peu, dit Du Toit, j'en parlerai au Conseil de guerre demain. »

« C'est le général Cronje, répondant encore au regretté colonel lui signalant les préparatifs de lord Roberts pour le cerner avec son armée: « Lorsque vous étiez enfant, j'étais déjà général. »

Et l'ancien officier lieutenant de Villebois-Mareuil dit encore une fois que la défaite des boërs est due à leur manque absolu de discipline, d'organisation militaire et par suite aux défauts de cohésion et de commandement de cet état funeste. Elle est encore due à la crainte et à la haine qui caractérisent la plus grande partie des dirigeants et dirigés boërs à l'égard des étrangers, crainte et haine inexcusables qui leur ont fait suspecter tous les actes et même les intentions des officiers volontaires, état d'esprit rétrograde et malveillant qui les a empêchés, ces boërs de tout rang, de suivre tout principalement les conseils de Villebois-Mareuil, alors qu'ils auraient dû être les premiers à les solliciter s'il n'avait pas été encore meilleur pour leur cause d'indépendance de se mettre sous ses ordres mêmes pour apprendre à obéir, à se discipliner, à s'organiser en formations militaires plutôt qu'en commandos bien proches de la horde des peuples barbares ou sauvages.

Et c'est parce que les commandos sont restés des hordes, des bandes, que les anglais peuvent les classer tels pour les mettre hors la loi commune à tous les belligérants.

Et voilà pourquoi nous avons la douleur d'avouer que les boërs

(1) Cet Officier français qui fit campagne au Soudan Français, où il acquit une belle expérience de la guerre et de l'expédition africaines, dit encore ceci:

« Pourquoi les Anglais, avec plus de 250.000 hommes demeurent-ils en échec devant cette poignée de paysans?

« Et voici sa réponse: comment cerner, comment vaincre et écraser des adversaires qui refusent continuellement la bataille et se dérobent dès qu'un coup leur est porté; chacun fait à sa guise, dans une direction différente et le commando de 500 hommes se désagrège, fond devant la colonne de 2000 hommes qui le poursuit. La dispersion n'est que momentanée et, huit jours après, le commando rentre en scène et continue ainsi l'alternative de dissémination et de rassemblement.

« C'est là le propre de la *guérilla*, mais celle-ci n'a chance d'aboutir que si l'adversaire s'épuise, se ruine, ce n'est pas le cas de l'Angleterre on en conviendra, ou si elle a pour but de laisser à la nation envahie le temps de refaire une armée de défense et de sauvetage avec d'autres éléments combattants que ceux en action déjà. L'étranger seul pourrait les fournir aux boërs, pauvres en hommes devant la multitude de soldats anglais appuyés de canons. »

courent à l'écrasement général de leur race, et que leur conduite nationale de dédaigneux africains à l'égard des étrangers de France qui les
ont été aider là-bas au péril de leur vie, témoin le colonel Villebois-
Mareuil, n'a pas été de nature à leur gagner de nouvelles sympathies.

Mais on leur conserve les anciennes et l'on forme des souhaits,
d'ultimes souhaits pour que, malgré toutes les déductions mathématiques
et malgré l'impossibilité elle-même, les boërs aient finalement leur
nationalité reconstituée, soit que leur résistance désespérée aboutisse à
un soulèvement suffisant d'afrikanders, soit qu'elle reçoive assistance de
volontaires non boërs, soit enfin que la Cour d'arbitrage de la Haye,
comme il en est question, ait assez de poids aux yeux des puissances et de
l'Angleterre pour qu'une sentence de son crû soit admise et respectée. (1)

En fait de soulèvement majeur d'afrikanders nous n'y croyons plus
guère, sur maints chapitres sociaux l'intransigeance boëre s'en est trop
aliénés et elle semble avoir été trop basée sur cette formule *l'Afrique
du Sud aux Boërs*, qui est, sans être divulguée, au fond de l'âme boëre.
Parmi les Afrikanders, c'est-à-dire parmi les créoles et les régnicoles
descendants d'européens de toutes origines, les rejetons des hollandais
et des boërs non émigrés en Orange et au Transvaal ont également cette
devise dans le cœur et c'est par eux que des appoints afrikanders gros-
sissent les commandos de la guerilla actuelle. Mais quant aux afrikanders
issus de familles anglaises il est certain que leur loyalisme envers la
mère-patrie britannique est hors de doute pour la majorité, quoique les
dissidents et certains esprits enclins à la dissidence serviraient beaucoup,
le cas échéant, à l'indépendance de toute l'Afrique du Sud. désirée par
tous les afrikanders issus de lignées diverses (allemands, français, etc.,
etc). Cette devise intime *l'Afrique du Sud aux Boërs* et l'intransigeance
patriarchale de ces derniers, surtout de ceux qui se sont nationalisés au
Transvaal et en Orange, sont les pierres d'achoppements dans la voie
vers l'Indépendance commune de tout le Cap et son arrière-pays, ce
sont les empêchements vers la constitution des Etats-Unis Sud-Africains,
dans lesquels, contrairement à ce qui s'est passé en Amérique, il y aurait
forcément des Etats de nation boëre : Transvaal, Orange, Natal, et des
Etats de nation afrikandère, la majorité des territoires environnant ces
derniers pays, où la langue anglaise dominerait, et un Etat hollandais,
le Cap même. A savoir aussi si les nombreux allemands qui sont dans le
Sud-Africain ne se grouperaient pas en un territoire-Etat. Et à savoir
si des Français ne relèveraient pas leur langue dans ce *coin de France*
dont il a été parlé dans ce petit ouvrage.

L'assistance de volontaires étrangers est une force dont pourra toujours disposer l'élément boër libre résidant en Europe. L'argent ne
saurait lui manquer et par conséquent il lui est toujours possible de
recruter en secret la tête et les cadres ainsi que les soldats d'une petite
armée de volontaires qui se rendraient peu à peu et par toutes voix pos-

---

(1) Ces jours-ci la Presse annonçait que le Conseil de cette Cour avait décidé, à
l'unanimité, qu'il ne pouvait être question pour lui de prendre aucune espèce d'initiative en vue d'un arbitrage ou d'une intervention. Il est évident que la Cour ne peut
arbitrer que sur la demande commune des adversaires et il est aussi évident qu'elle ne
pouvait faire intervenir ses offices que sur la volonté des nations civilisées.

Sans cela la Cour d'arbitrage de La Haye serait un véritable Sénat de suzeraineté
sur tous les peuples, ce qu'aucun d'eux n'a accepté et n'acceptera de sitôt, quoique
pour l'Europe, devant la doctrine de Monroë et l'impérialisme d'Albion, il serait
désirable d'avoir un Aéropage suzerain et souverain, composé des Chefs d'Etats
représentés par des plénipotentiaires.

sibles dans le Sud-Africain où un lieu et une époque de rendez-vous général seraient donnés aux chefs d'unités inférieures, lesquelles auraient d'abord, et en attendant, agi en compagnies franches. D'autre part, les corsaires n'étant pas permis ni pratiques, il est toujours possible aux autorités boërs, toujours en secret, d'acheter et d'armer des navires à vapeur et à voiles, de les doter d'équipages pour charger le tout sur quelques gros steamers affrétés, ayant pour unique mission leur transport sur les côtes de l'Afrique du Sud, où ces petits vaisseaux sémeraient ce que sément les Anglais dans les territoires boërs : dévastation, misère, souffrances, tyrannies, etc., etc.

En somme, flibuste sur terre par les commandos, flibuste sur mer par les flottilles de volontaires étrangers.

Flibuste jusqu'au jour où l'armée de volontaires aurait atteint le lieu et l'heure d'un rendez-vous central d'où, avec les commandos impérieusement formés à l'européenne tout en allant, toute l'armée néo-boëre s'avancerait sur les forces anglaises pour l'obliger à livrer bataille rangée et à vaincre ou à quitter les pays orange-transvaaliens. Lesquels, déjà dès maintenant, ne devraient plus former qu'un seul État boër, qui avec les États afrikanders possibles du Cap et du Natal, serait l'un des *États-Unis du Sud-Afrique*.

Figés comme vous êtes Boërs, hélas! dans votre misanthropie biblique je vous crie ceci bien haut :

Hors des étrangers amis et de leurs connaissances militaires, ainsi que de leur système de subordination absolue, pas de salut, amis boërs !

E. G.

Denain, 18 Septembre 1901.

NOTA. — Dans la partie documentaire de cet ouvrage j'ai laissé pressentir que le comité d'action de la Jeunesse Française semblait réserver à ses volontaires du Transvaal un rôle ultérieur nationaliste en France. Un haut personnage m'affirme aujourd'hui le contraire et je le crois sincèrement. Par suite, le tirage des premières pages étant fait, je ne puis plus rectifier mon appréciation autrement que par cette annotation-ci qui contient rétractation pure et simple.

D'un autre côté j'ai l'assurance que si les socialistes de Denain en sont arrivés à manifester pour empêcher la réunion publique du Comité des Boërs, c'est tout simplement le fait d'un malentendu répandu dans les milieux ouvriers hostiles à toute œuvre d'une association politique, la *Ligue Républicaine* de Denain, que l'on croyait à la tête du mouvement pour faire acte de propagande personnelle. Je veux bien admettre cette explication, mais en regrettant que les instigateurs de la manifestation se soient contentés de renseignements erronés ou peut-être tendancieux pour lancer les ouvriers à l'attaque.

Enfin, dans un alinéa de la causerie de M. Fontaine il est dit qu'on expliquerait pourquoi la langue française a disparu de l'usage chez les boërs descendants des français émigrés à la suite de l'édit de Nantes.

Cette explication n'a pas été donnée mais la voici succinctement :

1° les hollandais dominaient en nombre à l'arrivée des émigrés;

2° le Cap était colonie hollandaise ;

3° la grammaire, l'orthographe et la syntaxe françaises sont chargées de particularités et même d'excentricités, ce qui ne permet guère — nous l'avons constaté en Afrique où notre langage ne subsiste superficiellement que grâce à un estropiage continuel et fantaisiste — de la conserver longtemps nette chez les enfants, au sein de populations ne la connaissant point ;

4° les émigrés — témoins ceux qui ont leurs lignées toujours en Allemagne et profondément allemandes — avaient eu trop à souffrir de l'esclavage spirituel de Louis XIV et de la France Royale pour emporter un morceau de la patrie à la semelle de leurs souliers. Par suite ils n'avaient plus de raison de cœur pour chérir la langue de ceux qui les avaient proscrits.

Document important qui vient à l'appui de ce qui a été dit sur l'annexion pure et simple accomplie par les Anglais à l'égard des territoires de l'Orange et du Transvaal:

Gouvernement de la Colonie d'Orange River

Notice sous l'article 6, chapitre 112 du code légal. Application pour une patente relative à des perfectionnements dans la fabrication de l'acier, fonte d'acier ou fers en lingots et aux appareils et moyens employés à cet effet.

Dans un but d'information générale, on fait savoir que M. Alexandre **Tropenas**, ingénieur, 6, rue d'Erlanger, à Paris (France), a déposé dans mon bureau, le 2 août 1901, une demande de prérogative de patente pour l'invention ci-dessus mentionnée, accompagnée d'une description. En conséquence, ledit sieur **Tropenas**, par l'intermédiaire de son avocat, Mᵉ John George **Fraser**, m'a donné une notice écrite m'informant qu'il a l'intention de mettre cette demande en application; j'ai décidé que cette affaire et toutes les objections qui pourraient être présentées seront réglées à mon bureau le 5 novembre 1901, à dix heures du matin.

En conséquence, j'invite les tierces personnes intéressées à s'opposer à la délivrance de ladite patente pour l'invention ci-dessus, à déposer à mon bureau, avant le jour de la procédure, un document exposant leurs objections, faute de quoi elles ne pourraient plus avoir d'action.

Fait en ma présence, à **Bloemfontein**, le 5 août 1901.

Signé: H.-F. BLAINE,
Conseiller légal.

Ce document a été cueilli dans le *Matin* du 25 Septembre 1901.

Croit-on que la Grande-Bretagne va revenir sur un *fait* accompli à son profit, tout simplement pour céder au *droit*?

Non, jamais de son plein gré. Et la *force* des boërs et des afrikanders, si grande pourrait-elle advenir, ne parviendra pas à faire céder l'Angleterre d'un pas, si l'énergie de la discipline et le dynamisme de l'organisation des armées européennes ne sont pas effectivement implantés chez ces braves guerilleros.

27 Septembre 1901.

NOTE. — *Le présent opuscule n'a reçu aucune collaboration de la part d'un journaliste du pays qui paraît avoir éprouvé le besoin de paraître censeur et correcteur littéraire. Le manuscrit rendu à l'auteur le montrerait nettement et celui-ci ne conçoit vraiment pas qu'on fasse montre d'une si grande vanité pour si peu de chose. La composition de ce petit recueil n'avait assurément besoin du concours de personne et les faits que je rapporte simplement ne m'ont pas été inspirés, ils n'exigent aucun effort de l'esprit.*
E. G.

DU MÊME AUTEUR :

Brochures à 0,50 centimes, franco 0.60 centimes.

Colonisation du Congo français, Navigation   e
  Chaland Sénégalais.
          (Librairie-Imprimerie F. Descamps, à Condé-sur-Escaut).

Conditionnement des colis d'avitaillement et de ravitaillement au Soudan
  français.   (Librairie-Imprimerie L. Cacheux, à Denain).

Quelques mots sur le grand Concessionnat Congolais.
          (Librairie-Imprimerie L. Cacheux, à Denain).

PROCHAINEMENT :

Haut-Sénégal et Soudan Français : Essai liminaire et rétrospectif sur
  l'ensemble du Commandement militaire et de l'Administration,
  1880 à 1892 et 1894.

Soudan Français : Relation des événements de Goumbou (Avril 1892).
Concessionnat congolais : Recueil de documents, notes, etc.